SHAKE

SHAKE SHAKE

KARIN STÖTTINGER

SHAKING SALAD

low CARB

FOOD-FOTOGRAFIE
Eisenhut & Mayer

REPORTAGE-FOTOGRAFIE
Silvia Wittmann

Brandstätter

Shake it, Baby!

Der Erfolg meines ersten Buchs „Shaking Salad" hat mich auf eine Welle der Euphorie gehoben, die bis heute nachwirkt. Das Feedback war so positiv, dass die Entscheidung, einen zweiten Band zu machen, sehr schnell fiel.

Entstanden ist die Idee für „Shaking Salad", als ich mir einen Kindheitstraum erfüllt habe: bei einem Wellenreiturlaub in Spanien. Zu Mittag erwartete uns eine Pyramide aus Gläsern, voll mit leckeren Salaten. Daneben standen große Krüge mit Dressing. Jeder konnte sich sein Essen selbst zubereiten und auf der Terrasse oder unter Palmen im Schatten genießen. Das hat mir so gut gefallen, dass ich zu Hause begann, Salate im Glas mit ins Büro zu nehmen. Ab dann ging alles sehr schnell. Zuerst wollten meine Kollegen mitnaschen, dann wuchs die Happy-Shaking-Community von Woche zu Woche – und ich schrieb mein erstes Kochbuch!

Beim zweiten Buch habe ich den Fokus auf Low Carb gelegt. Ich esse selbst phasenweise Low Carb. Da war zum Beispiel dieser Neoprenanzug, der, gelinde gesagt, nichts verzeiht. In den wollte ich unbedingt hineinpassen. Und mein Brautkleid sollte natürlich auch perfekt sitzen. Diäten sind nichts für mich, Hungern ist mir ein Gräuel. Ich male mir jeden Tag schon am Morgen das Essen für Mittag und Abend vor meinem geistigen Auge aus. Gutes Essen ist mir sehr wichtig, es beschert mir Genuss und eine kleine Auszeit in meinem stressigen Alltag.

Ich folge keiner bestimmten Low-Carb-Richtung, sondern esse einfach möglichst wenig Kohlenhydrate. Für mich passt das am besten und es hat bei mir in Kombination mit Sport gute Erfolge gebracht. Auch die Einfachheit an Low Carb liebe ich: Kohlenhydrate werden reduziert, der Rest bleibt gleich. Aber seht selbst und probiert die Rezepte aus – ich wünsche euch viel Freude und Genuss mit diesem Buch!

P.S. Wer Low Carb sagt, darf auch Cheat Meal sagen: Um die Verdauung anzuregen, kann es sinnvoll sein, die Low-Carb-Ernährung gelegentlich zu unterbrechen. Stattdessen kommt alles auf den Speiseplan, was das Herz begehrt. Bei mir sind das vor allem Kartoffeln, Reis, Getreide … und Süßes! Die Rezepte dazu findet ihr ebenfalls im Buch.

WÜRZIGE VIELFALT
meine Dressings

Das Dressing macht den Salat!
Ich liebe es, mit verschiedenen Dressings zu experimentieren und sie auf den jeweiligen Salat abzustimmen. Deshalb steht bei den Rezepten immer ein passendes Dressing dabei.

Ihr habt die angegebenen Zutaten nicht zu Hause oder wollt lieber euer Lieblingsöl und euren Lieblingsessig nehmen? Kein Problem, es kann letztlich jeder Essig und jedes Öl verwendet werden. Lasst euch von den Rezepten inspirieren und kreiert euer eigenes Dressing.

Ähnliches gilt auch für das Süßungsmittel: Nehmt einfach eure bevorzugte für Low Carb geeignete Süße, beispielsweise Birkenzucker (Xylit). Wer Dressings lieber ohne Süßungsmittel zubereitet, lässt es weg.

MEIN *einfach & gut*
SALAT-BAUKASTEN

Ertränkte Salatblätter in schalem Essig-/Ölwasser? Das muss nicht nur nicht sein, bei mir darf das nicht sein. Denn die Qualität eines Salats steht und fällt mit dem Dressing. Die Gäste sind da, der Hauptgang ist servierbereit – und der Salat ist noch nicht mariniert? Ich düse nach dem Kindergarten nach Hause, im Bauch klafft ein riesiges Hungerloch und der Salat will sich einfach nicht von selbst marinieren? Die Lösung ist einfach: Ich produziere Dressing auf Vorrat. Frisch aufgeschüttelt, steht mir cremiges Dressing zur Verfügung, wann immer ich es brauche. Mischungen mit Obst und Gemüse bewahre ich nur einige Tage im Kühlschrank auf, Essig- und Ölmischungen gerne länger. Wenn ich unterwegs bin, fülle ich das Dressing portionsweise in eine kleine Flasche ab und mariniere den Salat erst direkt vor dem Essen. So bleibt er knackig und frisch. Kurz aufgeschüttelt, emulgieren die Flüssigkeiten miteinander.

Das Grundkonzept meiner Shaking Salads besteht aus Salaten und Dressings im Glas to go. Wer seinen Augen eine Freude bereiten möchte, schichtet die Zutaten im Glas in einzelnen Lagen. Wem das weniger wichtig ist, der mischt den Salat im Glas einfach durch. Die Zutaten variieren nach Jahreszeit und Vorlieben. Sie können auch ausgetauscht, ersetzt oder adaptiert werden. Wie in einem kleinen Baukasten

stelle ich meine Salate zusammen. Ich wähle mir ein Grundprodukt, um das herum ich meinen Snack to go kreiere. Die Bestandteile, aus denen ich wähle, sind stets dieselben – sie bieten unendlich viele Kombinationsmöglichkeiten: Salat, Zwiebeln, Gemüse, Sprossen, Obst, Fisch, Fleisch, Tofu oder Käse und obendrüber gerne Nüsse.

Ich nutze einfache Schraubgläser, die von Essiggurken, Honig etc. stammen. Wenn ich Gäste habe, verwende ich gern gekaufte Einmachgläser. Die Größen variieren: 0,5 Liter bei Vorspeisen, 0,75 Liter bei Hauptspeisen und ca. 0,25 Liter bei Nachspeisen. Dressings fülle ich in kleine Fläschchen oder 0,25-Liter-Gläser. Bei Einladungen gibt es für jeden Gast ein eigenes Fläschchen, mit einem netten Namensetikett und gegebenenfalls mit Hinweis auf Unverträglichkeiten. So bekommt jeder die perfekte Menge für seinen Salat. Ich habe auch schon eine große Flasche in die Runde gestellt. Es hat allen so gut geschmeckt, dass für den letzten Gast kein Dressing mehr da war. Seitdem habe ich immer genug kleine Dressinggläser oder -fläschchen zu Hause.

NACHHER
wird — GESHAKED

INHALT

SHAKING SALADS
low carb
VEGETARISCH

SOJAPFANNKUCHEN
mit AVOCADO
___

FÜR 2 PERSONEN

Zutaten Salat

150 g Kirschtomaten

Salz

Pfeffer aus der Mühle

2 EL Olivenöl

1 Rosmarinzweig

2 EL Basilikum

100 g Sojamehl

2 Eier

Pfeffer aus der Mühle

150 ml Milch

Sonnenblumenöl zum Backen

1 Avocado

Zutaten Dressing

50 ml Zitronensaft

2 g Salz

60 g Chiaöl

Süßungsmittel nach Wunsch und Geschmack

Pfeffer aus der Mühle

ZUBEREITUNG

Kirschtomaten halbieren und mit der Schnittfläche nach oben auf ein kleines Blech oder in eine Wanne legen. Mit Salz und Pfeffer aus der Mühle locker bestreuen, Olivenöl darüberträufeln, mit Rosmarin und Basilikum belegen.

Bei 90 °C Ober-/Unterhitze im vorgeheizten Ofen ca. 3 Stunden ziehen lassen. Ofen ausschalten und einige Stunden nachziehen lassen.

Sojamehl, Eier, Salz und Milch zu einem glatten Teig verrühren. Aus dem Teig goldgelbe dünne Pfannkuchen backen.

Noch warm einrollen, in ca. 5 mm dicke Streifen schneiden, in die Gläser legen.

Für das Dressing alle Zutaten gut miteinander verrühren.

Tomaten auf den Pfannkuchenstreifen in den Gläsern verteilen.

Avocado schälen, halbieren und den Kern entfernen. Fruchtfleisch in Stücke schneiden. Auf den Tomaten verteilen. Mit dem Chiadressing übergießen.

*Statt Chiaöl kann man auch
Olivenöl oder Sonnenblumenöl
verwenden.*

CHICORÉE
mit GORGONZOLA-DRESSING,
HASELNÜSSEN *und* HIMBEEREN

FÜR 2 PERSONEN

Zutaten Salat

5 kleine Chicorée

Sonnenblumenöl zum Anbraten

50 g Himbeeren

30 g geröstete Haselnüsse

Zutaten Dressing

100 g Gorgonzola

100 ml Joghurt

1 EL Haselnussöl

2 EL Reisessig

Saft einer kleinen Orange

Abrieb und Saft einer Limette

Pfeffer aus der Mühle

ZUBEREITUNG

Für das Dressing alle Zutaten in eine Schüssel füllen und mit dem Stabmixer fein pürieren. Beiseitestellen.

Chicorée der Länge nach halbieren und beidseitig in Sonnenblumenöl braten. Himbeeren und Haselnüsse zugeben, kurz darin schwenken.

Alle Zutaten in die Gläser schichten, Dressing extra dazu servieren.

*Für eine nicht-vegetarische
Variante etwas gebratene Chorizo
untermischen.*

KAROTTEN *und* ÄPFEL
mit HEIDELBEERDRESSING

FÜR 2 PERSONEN

Zutaten Salat

2 kleine Karotten

1 EL Reisessig

1 EL Sesamöl

1 gute Prise Salz

Pfeffer aus der Mühle

1 kleiner Gala- und 1 kleiner Granny-Smith-Apfel

Zitronensaft nach Geschmack

1 Bund Schnittlauch

Zutaten Dressing

200 g TK-Heidelbeeren oder

frische Waldheidelbeeren

2 EL Reisessig

1 TL Estragonsenf

1 gute Prise Salz

Pfeffer aus der Mühle

Süßungsmittel nach Wunsch und Geschmack

100 ml Joghurt

ZUBEREITUNG

Karotten schälen und grob reiben. Mit Reisessig, Sesamöl, Salz, Pfeffer aus der Mühle und Zitronensaft vermischen und 10 Minuten ziehen lassen.

TK-Heidelbeeren auftauen. Heidelbeeren leicht erwärmen. In eine Schüssel füllen und mit allen anderen Dressingzutaten vermischen. Mit dem Stabmixer kurz pürieren.

Beide Äpfel waschen und in sehr feine Scheiben schneiden, mit Zitronensaft vermischen.

Karotten in das Glas füllen, Apfelscheiben darauf schichten. Mit Karotten belegen, mit Schnittlauch bestreuen.

Mit dem Dressing servieren.

Je nach persönlichen Vorlieben kann man auch andere Äpfelsorten mischen.

POCHIERTES EI
mit GEMÜSESALAT

FÜR 2 PERSONEN

Zutaten Salat

1 Zucchini

1 große Tomate

1 Frühlingszwiebel

1 EL Dillspitzen

20 ml Weißweinessig

2 Eier

Salz

Pfeffer aus der Mühle

Zutaten Dressing

Tomatenabschnitte (vom Salat)

Saft einer Zitrone

4 cl Olivenöl

½ TL Salz

Pfeffer aus der Mühle

2 EL Weißweinessig

ZUBEREITUNG

Zucchini waschen, in feine längliche Scheiben, dann in feine Würfel schneiden. Tomate halbieren, Kerne und Kerngehäuse mit Saft entfernen und in eine Schüssel geben. Das Fruchtfleisch in Streifen oder Würfel schneiden.

Frühlingszwiebel in kleine Ringe schneiden. Tomatenkerngehäuse fein zerteilen und mit Zitronensaft, Olivenöl, Salz, Pfeffer aus der Mühle und Weißweinessig vermischen. Zucchini, Frühlingszwiebel und Dill zugeben, alles miteinander vermischen.

1 l Wasser mit dem Essig aufkochen. Jedes Ei in eine Tasse schlagen, jeweils vorsichtig ins leicht siedende Wasser gleiten lassen. Mit einem Kochlöffel das Eiweiß um das Eigelb ziehen. Eier 3–4 Minuten pochieren, anschließend vorsichtig aus dem Wasser heben und mit etwas Salz und Pfeffer würzen.

Gemüsesalat in Gläsern anrichten, mit pochiertem Ei belegen, mit Pfeffer aus der Mühle bestreuen, am besten lauwarm servieren.

ASIATISCHER TOFUSALAT
mit FELDSALAT *und* RADIESCHEN

FÜR 2 PERSONEN

Zutaten Salat

400 g Tofu

1 Handvoll Feldsalat

4 Radieschen

Butterschmalz zum Braten

Zutaten Marinade

1 Stück Zitronengras

50 g Ingwer

6 Korianderkörner

1 EL Sesam

1 EL Sesamöl

1 ½ EL Sojasauce

ZUBEREITUNG

Tofu in ca. 1 cm große Stücke schneiden.

Zitronengras fein schneiden, Ingwer schälen, fein schneiden, Korianderkörner, Sesam, Sesamöl und Sojasauce zugeben, alles miteinander vermischen. Tofustücke mit der Marinade rundum einstreichen, 1 Stunde kalt stellen.

Salat gut waschen, abtropfen lassen, Radieschen waschen, in feine Scheiben schneiden.

Eine Pfanne erhitzen. Tofu rundum braten. In Gläser schichten, mit Salat und Radieschen auffüllen.

ZWEIERLEI TOMATENSALAT
mit ZIEGENKÄSE

FÜR 2 PERSONEN

Zutaten Salat und Dressing

200 g Kirschtomaten	4 EL Tomatenessig
2 Knoblauchzehen	1 gute Prise Salz
2 Frühlingszwiebeln	Pfeffer aus der Mühle
Olivenöl zum Braten	300 g bunte Tomaten
etwas Zitronenabrieb	1 dicke Scheibe Low-Carb-Brot
Süßungsmittel nach Wunsch und Geschmack	100 g Ziegenfeta

ZUBEREITUNG

Kirschtomaten halbieren. Knoblauch schälen. Knoblauch und Frühlingszwiebeln fein schneiden. Olivenöl erhitzen, Knoblauch und Zwiebeln anschwitzen. Kirschtomaten zugeben, ca. 3 Minuten anschwitzen. Zitronenschale und evtl. Süßungsmittel zugeben. Mit Essig, Salz und Pfeffer würzen, abschmecken. Ohne den entstandenen Saft in die Gläser füllen. Saft zur Seite stellen.

Bunte Tomaten in Scheiben schneiden, ebenso in die Gläser schichten.

Brot in 1 cm große Würfel schneiden. Olivenöl in einer Pfanne erhitzen und die Brotwürfel darin leicht anbraten. Feta in Würfel schneiden. Brot- und Käsewürfel auf den Tomatenscheiben verteilen und mit dem von den geschmorten Tomaten abgegebenen Saft beträufeln.

*Der Salat schmeckt auch
mit Weißweinessig statt Tomatenessig
sehr gut.*

OCHSENHERZTOMATEN
mit BÜFFELMOZZARELLA
und TOMATENDRESSING

FÜR 2 PERSONEN

Zutaten Salat

1 rote Zwiebel

100 g Stachelbeeren

2 Ochsenherztomaten

1 Packung Büffelmozzarella

etwas Schafgarbe

Zutaten Dressing

Saft von 1–2 Zitronen

3 EL Olivenöl

Süßungsmittel nach Wunsch und Geschmack

1 gute Prise Salz

Pfeffer aus der Mühle

125 ml Tomatensaft

etwas gemahlener Piment

ZUBEREITUNG

Für das Dressing alle Zutaten in einer Schüssel vermischen.

Zwiebel schälen, in feine Scheiben schneiden. Stachelbeeren halbieren und mit den Zwiebelscheiben unter das Dressing mischen.

Ochsenherztomaten waschen, in Scheiben schneiden. Büffelmozzarella abgießen und in mundgerechte Stücke zerteilen. Tomatenscheiben und Büffelmozzarellastücke in die Gläser schichten, mit Dressing übergießen, Schafgarbe darüberstreuen.

STEINPILZ-FRITTATA
mit PECORINO *und* BASILIKUM-SAUERAMPFER-SALAT

FÜR 2 PERSONEN

Zutaten Frittata

250 g Steinpilze

2 Schalotten

1 Bund Petersilie

1 EL Haselnussöl

Salz

Pfeffer aus der Mühle

4 Eier

100 ml Sahne

60 g geriebener Pecorino

Zutaten Salat

1 EL Pinienkerne

je 1 Handvoll Basilikum und Sauerampfer

etwas Pecorino zum Bestreuen

Zutaten Dressing

2 EL Olivenöl

Salz

Pfeffer aus der Mühle

Saft einer Zitrone

ZUBEREITUNG

Pinienkerne in eine ofenfeste Form füllen, im vorgeheizten Ofen bei 200 °C Ober-/Unterhitze braun rösten.

Steinpilze putzen und kleinschneiden. Schalotten schälen und fein würfeln. Petersilie fein hacken. Haselnussöl in einer Pfanne erhitzen. Steinpilze und Schalotten darin anbraten, salzen und pfeffern.

Steinpilze und Schalotten in ofenfesten Gläsern verteilen. Eier, leicht geschlagene Sahne und Petersilie verrühren, salzen, pfeffern, über die Steinpilze gießen. Im vorgeheizten Ofen bei 200 °C Ober-/Unterhitze auf der mittleren Schiene ca. 20 Minuten backen. Am besten lauwarm halten.

Basilikum und Sauerampfer in eine Schüssel geben. Alle Dressingzutaten zugeben und vermischen.

Auf die Gläser verteilen, mit Pecorino und Pinienkernen locker bestreuen.

CHIOGGIA-RÜBEN
mit PILZEN
und BROMBEEREN

FÜR 2 PERSONEN

Zutaten Salat

1 große Chioggia-Rübe (ca. 250 g)

je 200 g Pfifferlinge und Steinpilze

1 Schalotte

1 EL Olivenöl

1 EL Butter

1 gute Prise Salz

Pfeffer aus der Mühle

1 EL Thymian

etwas Thymian zum Bestreuen

Zutaten Dressing

2 EL Apfelessig

2 EL Sesamöl

1 gute Prise Salz

Pfeffer aus der Mühle

2 EL Schnittlauch

etwas gemahlener Kümmel

Saft einer Zitrone

Süßungsmittel nach Wunsch und Geschmack

ZUBEREITUNG

Chioggia-Rübe schälen, auf einer Schneidemaschine in feine Scheiben schneiden.

Für das Dressing alle Zutaten gut miteinander verrühren. 1 EL davon mit den Chioggia-Scheiben vermischen, einen Teil davon in das Glas verteilen.

Pilze putzen, evtl. ganz kurz waschen und trockentupfen. Steinpilze in Scheiben schneiden.

Schalotte schälen und in Scheiben schneiden.

Das Rezept schmeckt auch mit normalen roten Rüben oder Rettich sehr gut.

Olivenöl in einer Pfanne erhitzen, Schalotten zugeben, kurz anschwitzen, Pilze zugeben, leicht anbraten. Butter hinzufügen, mit Salz und Pfeffer aus der Mühle würzen. Mit gehacktem Thymian abschmecken.

Pilze im Glas auf einigen Chioggia-Scheiben verteilen. Brombeeren im Bratenrückstand in der Pfanne schwenken. Auf den Pilzen verteilen, Rest der Chioggiascheiben darüber verteilen. Mit Thymian bestreuen.

Gutes Essen
to go

PIZZA-GNOCCHI *mit* CHAMPIGNONS

FÜR 4 PERSONEN

Zutaten Pizza-Gnocchi, Champignons und Mozzarella

20 g Hefe

90 ml Milch

1 EL flüssige Butter

1 Eigelb

100 g Sojamehl

Salz

Pfeffer aus der Mühle

1 Zwiebel

200 g Champignons

1 EL Olivenöl

Saft einer Zitrone

100 g Mozzarella

100 g getrocknete Tomaten

Zutaten Dressing

20 g Petersilie

40 g Basilikum

50 ml Olivenöl

10 ml Weißweinessig

Saft einer halben Limette

1 gute Prise Salz

Pfeffer aus der Mühle

1 kleine Knoblauchzehe

Süßungsmittel nach Wunsch und Geschmack

ZUBEREITUNG

Hefe mit Milch verrühren. Butter, Eigelb, Sojamehl, Salz und Pfeffer zugeben und zu einem glatten Teig kneten. Zugedeckt ca. 1 Stunde aufgehen lassen. Zusammenkneten, eine 1 cm lange Rolle formen. Kleine Gnocchi abschneiden, auf ein Blech legen. Nochmals ca. 20 Minuten aufgehen lassen.

Im vorgeheizten Ofen bei 220 °C Ober-/Unterhitze ca. 10 Minuten backen. Auskühlen lassen.

Petersilie und Basilikum 5 Sekunden in heißem Wasser blanchieren, kalt abschrecken. Knoblauch schälen, fein schneiden, mit den restlichen Dressingzutaten vermischen, fein cuttern oder mixen.

Zwiebel schälen, fein schneiden. Champignons vierteln. Eine Pfanne mit Öl erhitzen, Zwiebel anschwitzen. Champignons zugeben, scharf anbraten, mit Salz, Pfeffer und Zitronensaft abschmecken. Mozzarella in kleine Stücke schneiden. Champignons in den Gläsern verteilen, Tomaten darauflegen, mit Mozzarella belegen, mit Pizza-Gnocchi abschließen.

BROCCOLI *und* KAROTTEN *mit* TAHINIDRESSING

FÜR 2 PERSONEN

Zutaten Salat

½ Broccoli

2 kleine Karotten mit Grün

Salz

½ kleine Chilischote

1 EL Butter

1 TL Sesam

Zutaten Dressing

40 g Sesam

1 Knoblauchzehe

1 EL Sojasauce

Saft einer Zitrone

1 EL Weißweinessig

2 EL Olivenöl

Salz

2 EL Wasser

Süßungsmittel nach Wunsch und Geschmack

ZUBEREITUNG

Für das Dressing alle Zutaten in eine Schüssel oder einen Mixbecher gießen, fein pürieren. Beiseitestellen.

Broccoli in kleine Stücke schneiden. Karotten nicht ganz vollständig vom Grün befreien und in mundgerechte Stücke schneiden. Broccoli und Karotten in Salzwasser blanchieren und abtropfen lassen.

Chili halbieren, Kerne entfernen und Schote fein hacken.

Butter in einer Pfanne erhitzen. Broccoli und Karotten zugeben und anschwitzen. Sesam, Salz und Chili zugeben, wieder schwenken.

In die Gläser schichten oder gleich warm servieren. Dressing extra dazu reichen.

ZWEIERLEI SPARGEL
mit KAPERNVINAIGRETTE

FÜR 2 PERSONEN

Zutaten Salat

je 200 g weißer und grüner Spargel

Salz

bunter Pfeffer

30 g Baguette

2 EL Butter

Abrieb einer Zitrone

etwas Zitronensaft

1 Handvoll Babyspinat

Zutaten Dressing

1 EL gehackte Kapernbeeren

2 EL Haselnussöl

1 EL Rotweinessig

1 gute Prise Salz

Pfeffer aus der Mühle

Süßungsmittel nach Wunsch und Geschmack

ZUBEREITUNG

Für das Dressing alle Zutaten miteinander vermischen.

Weißen Spargel schälen und 1 cm vom unteren Ende abschneiden, beim grünen Spargel nur den unteren Teil schälen. Eine Pfanne oder einen Topf mit Salzwasser aufkochen. Weißen Spargel ins kochende Wasser geben, 3 Minuten kochen lassen. Grünen Spargel zugeben, noch 2 Minuten kochen lassen.

Weißen und grünen Spargel aus dem Wasser heben. Kalt abschrecken, in mundgerechte Stücke schneiden, in die Gläser verteilen, bunten Pfeffer darüberstreuen.

Brot in feine Scheiben schneiden. Eine Pfanne erhitzen, Butter zugeben, Brotscheiben beidseitig braten. Zitronenschale und Zitronensaft zugeben. Auch in die Gläser schichten.

Mit Vinaigrette aufgießen, mit Babyspinat garnieren.

Statt Haselnussöl
passt auch Olivenöl sehr gut.

BERGKÄSE *mit* RUCOLA *und* BIRNE

FÜR 2 PERSONEN

Zutaten Salat

40 g Walnüsse

2 Eier

1 Handvoll Rucola

200 g Bergkäse

1 kleine Birne

etwas Zitronensaft

Zutaten Dressing

¼ Mango

1 daumengroßes Stück Ingwer

1 Chili

30 ml Orangensaft

Saft einer Limette

1 gute Prise Salz

Pfeffer aus der Mühle

3 Msp Curry

1 Msp Curcuma

20 ml Rapsöl

ZUBEREITUNG

Für das Dressing Mango kleinschneiden, Ingwer schälen und fein schneiden. Chili halbieren und die Kerne entfernen. Schote kleinschneiden. Alle Dressingzutaten bis auf die Chili miteinander vermischen und 3 Minuten mit dem Stabmixer fein mixen/pürieren. Mit Chili bestreuen.

Walnüsse im vorgeheizten Ofen bei 170 °C Ober-/Unterhitze ca. 10 Minuten rösten. Eier 12 Minuten kochen, kalt abschrecken und schälen, in Scheiben schneiden.

Rucola waschen und trockentupfen. Bergkäse in Stücke schneiden.

Birne (am besten mit der Schneidemaschine) in feine Scheiben schneiden, kurz mit Zitronensaft beträufeln.

Bergkäse, Walnüsse und Birnen in die Gläser schichten, mit Eiern und Rucola belegen, mit dem Dressing shaken.

SHAKING SALADS
low carb
VEGAN

ARTISCHOCKEN *mit* BLATTSALAT, KAPERN *und* SÜSSKARTOFFEL-SPIRALEN

FÜR 2 PERSONEN

Zutaten Salat

1 kleine Süßkartoffel

Öl zum Frittieren

2 Handvoll Blattsalat

1 Glas Artischocken (270 g)

3 EL Kapernbeeren

Zutaten Dressing

50 ml Zitronensaft

2 g Salz

30 g Traubenkernöl

30 ml Olivenöl

ZUBEREITUNG

Für das Zitronendressing alle Zutaten verrühren oder mit dem Stabmixer pürieren.

Süßkartoffeln schälen und mit dem Spiralisierer schneiden/drehen. Öl erhitzen und die Spiralen bei ca. 160 °C goldgelb frittieren. Abtropfen lassen, beiseitestellen.

Blattsalat gut waschen und trockenschleudern. Artischocken und Kapern halbieren. Artischocken in die Gläser füllen, mit Blattsalat belegen. Darauf die Süßkartoffelspiralen legen, mit den Kapern belegen. Mit dem Zitronendressing shaken.

Wer kein Traubenkernöl zu Hause hat, kann ersatzweise Olivenöl verwenden.

PFIFFERLING-SPITZKOHL-SALAT
mit GREMOLATA

FÜR 2 PERSONEN

Zutaten Salat

200 g Spitzkohl

Salz

2 EL Macadamiaöl

1 EL Weißweinessig

500 g Pfifferlinge

2 Knoblauchzehen

1 Zwiebel

1 EL Olivenöl

Pfeffer aus der Mühle

Zutaten Gremolata

10 g Minzeblätter

20 g Petersilienblätter

1 Knoblauchzehe

1 TL Zitronenabrieb

Salz

Pfeffer aus der Mühle

ZUBEREITUNG

Kohl in feine Streifen schneiden, mit 1 guten Prise Salz, Macadamiaöl und Essig verrühren, 10 Minuten ziehen lassen.

Für die Gremolata Minzeblätter abzupfen. Petersilie und Minze fein hacken. Knoblauch schälen und fein hacken, zugeben. Zitronenschale, Salz und Pfeffer hinzufügen, alles miteinander verrühren.

Pfifferlinge putzen, je nach Größe evtl. halbieren. Knoblauch und Zwiebel schälen und fein schneiden. Knoblauch und Zwiebel in Olivenöl anschwitzen. Pfifferlinge zugeben und anbraten, mit Salz und Pfeffer aus der Mühle würzen.

Kohl in die Gläser verteilen, Pfifferlinge darauf verteilen, mit Gremolata bestreuen.

*Statt Macadamiaöl
macht sich auch Olivenöl sehr gut
in diesem Salat.*

FEIGEN-SELLERIE-SALAT
mit NÜSSEN
und HOLUNDERDRESSING

FÜR 2 PERSONEN

Zutaten Salat

ca. 100 g gemischte Nüsse (Pecannüsse, Macadamia, Mandeln, Walnüsse, Paranüsse, Haselnüsse)

ca. 150 g Knollensellerie

1 gute Prise Salz

Abrieb und Saft einer Zitrone

4 frische Feigen

2 kleine saftige Orangen

Zutaten Dressing

ca. 200 g Low-Carb-geeigneter Holunderkompott

2 EL Reisessig

2 EL Mandelöl

Saft einer Zitrone

1 TL Estragonsenf

1 gute Prise Salz

Pfeffer aus der Mühle

ZUBEREITUNG

Für das Dressing Holunderkompott durch ein Sieb streichen und mit den anderen Zutaten für das Dressing verrühren. In einer Schüssel mit dem Stabmixer fein pürieren.

Für den Salat Nüsse im vorgeheizten Ofen bei 180 °C Ober-/Unterhitze goldgelb rösten (dauert ca. 10 Minuten). Auskühlen lassen.

Sellerie schälen und in feine Streifen schneiden. Mit Salz und Zitronensaft vermischen und 10 Minuten ziehen lassen.

Feigen waschen und in Scheiben schneiden. Orangen schälen und in Scheiben schneiden.

Sellerie in die Gläser schichten, Orangen und Feigen darauf verteilen und mit gerösteten Nüssen locker bestreuen. Holunderdressing nochmals shaken und darübergießen.

Wer kein Mandelöl zu Hause hat,
kann ein anderes Nussöl
oder auch Olivenöl verwenden.

MUNGBOHNENSALAT *mit* GRÜNEN BOHNEN, CHAMPIGNONS *und* JOHANNISBEEREN

FÜR 2 PERSONEN

Zutaten Salat

200 g Mungbohnen

2 EL Koriander

80 g grüne Bohnen

6 Champignons

80 g rote Johannisbeeren

Zutaten Dressing

3 Knoblauchzehen

1 EL Kreuzkümmel

1 EL Fenchelsamen

4 EL Olivenöl

2 EL Weißweinessig

Salz

Pfeffer aus der Mühle

Saft von 2 Zitronen

50 ml Apfelsaft

ZUBEREITUNG

Mungbohnen in reichlich Wasser über Nacht einweichen.

Einweichwasser abgießen, Mungbohnen kalt abwaschen. Mit reichlich Wasser ca. 15–20 Minuten bei geringer Hitze weich kochen. Abseihen und in eine Schüssel umfüllen.

Knoblauch schälen. Kreuzkümmel und Fenchelsamen in Olivenöl kurz anschwitzen. Knoblauch zugeben, mit Weißweinessig vermischen, Salz und Pfeffer, Zitronensaft und Apfelsaft zugeben.

Etwas von der Marinade in ein kleines Fläschchen füllen und extra servieren, den Rest mit dem fein geschnittenen Koriander und den Mungbohnen vermischen.

Grüne Bohnen waschen und in Salzwasser weich kochen. Kalt abschrecken und je nach Größe in Stücke schneiden. Champignons putzen und in Scheiben schneiden, Johannisbeeren abrebeln, alles in die Gläser schichten.

QUINOA
mit BUTTERNUSSKÜRBIS *und* WALNÜSSEN

FÜR 2 PERSONEN

Zutaten Salat

40 g Quinoa

Salz

etwas Koriander und Petersilie

2 EL Olivenöl

1 EL Weißweinessig

Saft einer halben Zitrone

300 g Butternusskürbis

60 g frische Cranberrys

40 g Walnüsse

Zutaten Dressing

2 EL Sesamöl

1 EL Reisessig

1 gute Prise Salz

Pfeffer aus der Mühle

Süßungsmittel nach Wunsch und Geschmack

1 Prise Zimtpulver

1 EL Orangensaft

ZUBEREITUNG

Quinoa in Salzwasser weich kochen. Kalt abspülen, in eine Schüssel geben. Koriander und Petersilie fein hacken, zugeben, mit Öl, Essig und Zitronensaft vermischen.

Kürbis schälen und mit dem Spiralisierer Spiralen drehen.

Für das Dressing alle Zutaten miteinander mixen. 1 EL mit dem Kürbis vermischen, Rest Dressing zur Seite stellen.

Cranberrys in einer Pfanne kurz schwenken, bis sie weich sind. Evtl. etwas Wasser zugeben.

Walnüsse im vorgeheizten Ofen bei 180 °C Ober-/Unterhitze braun rösten.

Quinoa in die Gläser füllen, Kürbis, Walnüsse und Cranberrys darüberschichten. Dressing mitservieren oder über die Zutaten gießen.

Statt Reisessig passt auch Weißweinessig.

A
perfect day

PFIRSICH-AVOCADO-RUCOLA-SALAT

FÜR 2 PERSONEN

Zutaten Salat

2 Pfirsiche

1 rote Zwiebel

1 kleine Chilischote

Sonnenblumenöl zum Braten

1 Avocado

Saft einer Zitrone

150 g Rucola

Zutaten Dressing

1 Knoblauchzehe

2 EL Olivenöl

1 TL Anis oder Fenchel

Saft einer Zitrone

1 gute Prise Salz

Pfeffer aus der Mühle

Süßungsmittel nach Wunsch und Geschmack

2 TL Sumach

1 TL Gojibeeren

ZUBEREITUNG

Pfirsiche halbieren und Kern entfernen. Zwiebel schälen und fein schneiden. Pfirsiche in Spalten schneiden. Chilischote halbieren, Kerne entfernen und Schote fein hacken.

Pfirsichspalten in einer Pfanne in Öl beidseitig braten, herausnehmen.

Für das Dressing Knoblauch schälen und fein hacken. Olivenöl im Bratenrückstand erhitzen, Knoblauch mit Anis oder Fenchel darin anbraten.

2 EL Wasser zugeben, mit Zitronensaft, Salz, Pfeffer und evtl. Süßungsmittel abschmecken. Sumach, Gojibeeren, evtl. restlichen Zitronensaft zugeben.

Avocado schälen, halbieren, Kern entfernen. Fruchtfleisch in feine Scheiben schneiden, mit dem Zitronensaft vermischen.

Alles in die Gläser schichten, mit Rucolasalat belegen, Dressing darübergeben.

PILZSALAT
mit BOHNEN

FÜR 2 PERSONEN

Zutaten Salat

300 g gemischte Pilze (z.B. Seidenpilze, Austernpil-
ze, Shimejipilze)

1 EL Olivenöl

Saft einer Zitrone

Salz

Pfeffer aus der Mühle

Süßungsmittel nach Wunsch und Geschmack

1 TL fein geschnittene Salbeiblätter

1 TL fein geschnittenen Minze

200 g grüne Bohnen

Zutaten Dressing

2 Knoblauchzehen

1 TL Korianderkörner

3 EL Mandelöl

1 ½ EL Tomatenessig

1 rote Zwiebel

ZUBEREITUNG

Für das Dressing Knoblauch schälen und fein hacken. Koriander fein mörsern und beides mit dem Öl in einer Pfanne leicht anschwitzen. In eine Schüssel geben, mit Essig verrühren. Zwiebel schälen und in feine Ringe schneiden.

Pilze nach Bedarf putzen oder ganz kurz waschen, trockentupfen. In einer Pfanne mit Olivenöl anbraten, mit Zitronensaft ablöschen, mit Salz, Pfeffer und evtl. Süßungsmittel abschmecken. Mit Salbei und Minze verfeinern.

Bohnen waschen und die Enden abschneiden. Bohnen in Salzwasser weich kochen. Abseihen und kalt abschrecken. Der Länge nach halbieren und mit den restlichen Zutaten und der Marinade vermischen, in die Gläser füllen.

*Statt Mandelöl eignet sich auch ein
anderes Nussöl oder Olivenöl,
statt Tomatenessig kann man Weißweinessig verwenden.*

TOMATENSALSA-KICHERERBSEN-SALAT _mit_ GURKENDRESSING

FÜR 2 PERSONEN

Zutaten Salat

4 Fleischtomaten

1 Frühlingszwiebel

1 EL gehackter Koriander

1 EL Weißweinessig

1 EL Olivenöl

Salz

Pfeffer aus der Mühle

100 g Kichererbsen aus der Dose

50 g Kalamata-Oliven

1 EL in feine Streifen geschnittene Minze

1 EL in feine Streifen geschnittener Koriander

Zutaten Dressing

200 g Salatgurke

2 EL Traubenkernöl

2 EL Reisessig

Saft einer Zitrone

Salz

Pfeffer aus der Mühle

ZUBEREITUNG

Von den Fleischtomaten den Strunk entfernen, Tomaten in ca. 1 cm große Würfel schneiden. Frühlingszwiebel in feine Scheiben schneiden, Koriander, Frühlingszwiebel und Weißweinessig zu den Tomaten geben, verrühren. Mit Olivenöl, Salz und Pfeffer aus der Mühle abschmecken.

Für das Gurkendressing Gurke waschen, halbieren und in feine Stücke schneiden, mit den restlichen Dressingzutaten vermischen, mit dem Stabmixer fein pürieren. Kalt stellen.

Kichererbsen in ein Sieb geben und kalt abwaschen. Oliven abtropfen lassen, halbieren und entkernen. Koriander und Minze mit den Oliven zu den Kichererbsen geben.

Tomatensalsa in die Gläser füllen, mit Kichererbsen auffüllen. Gurkendressing am besten extra servieren.

Wer keinen Reisessig zu Hause hat: Weißweinessig ist eine gute Alternative.

ROHER ZUCCHINISALAT
mit PAPRIKAGEMÜSE

FÜR 2 PERSONEN

Zutaten Salat

je 1 roter und gelber Spitzpaprika

2 rote Zwiebeln

2 Knoblauchzehen

frischer Rosmarin und Thymian

1 Aubergine

Salz

Olivenöl zum Braten

1 große Zucchini

Pfeffer aus der Mühle

Zutaten Dressing

50 ml trockener Rotwein

50 ml Wasser

Süßungsmittel nach Wunsch und Geschmack

1 EL Rotweinessig

1 gute Prise Salz

Pfeffer aus der Mühle

ZUBEREITUNG

Spitzpaprika halbieren, entkernen und in feine Streifen schneiden. Zwiebeln und Knoblauch getrennt schälen und in feine Streifen schneiden. Rosmarin und Thymian fein hacken.

Aubergine mit dem Messer oder Sparschäler schälen und in 1 cm dicke Scheiben schneiden, leicht salzen, 10 Minuten ziehen lassen. Trockentupfen.

Eine Pfanne mit Olivenöl erhitzen und die Auberginenscheiben darin beidseitig anbraten, beiseitestellen.

Olivenöl in einer Pfanne erhitzen, Spitzpaprika, Zwiebel, Knoblauch, Rosmarin, Thymian darin anschwitzen, mit Salz und Pfeffer aus der Mühle würzen, alles aus der Pfanne nehmen.

Braten-Rückstand mit Wein und Wasser ablöschen, mit den anderen Dressingzutaten kurz aufkochen.

Zucchini waschen und mit dem Spiralisierer in Spiralen drehen. Mit Salz, Pfeffer aus der Mühle und Olivenöl vermischen, 10 Minuten beiseitestellen.

Paprikagemüse in die Gläser verteilen. Auberginenscheiben darauflegen und mit den Zucchinispiralen garnieren. Mit Dressing beträufeln.

CHINAKOHL *mit* GERÄUCHERTEM TOFU *und* SESAM

FÜR 2 PERSONEN

Zutaten Salat

2 Frühlingszwiebeln

150 g geräucherter Tofu

1 EL Sesamöl

1 Handvoll Chinakohlblätter

50 g Sojasprossen

20 g rote Weintrauben

1–2 EL Korianderblätter

Pfeffer aus der Mühle

1 TL Sesam

Zutaten Dressing

2 EL Wasser

2 EL weißer Sesam

2 EL weiße Sesampaste oder Misopaste

1 EL Sojasauce

1 EL Reisessig

Süßungsmittel nach Wunsch und Geschmack

ZUBEREITUNG

Für das Dressing alle Zutaten miteinander verrühren und am besten mit dem Stabmixer fein pürieren.

Frühlingszwiebeln in feine Scheiben schneiden.

Tofu in Würfel schneiden, in einer Pfanne mit Sesamöl rundum anbraten.

Chinakohlblätter in mundgerechte Stücke schneiden, mit Sojasprossen, Frühlingszwiebeln und Trauben zum Tofu geben. Kurz mitschwenken, aber nicht zu lange, sonst wird das Gemüse zu weich. Koriander untermischen. Mit Dressing beträufeln, mit Pfeffer und weißem Sesam bestreuen.

SHAKING SALADS
low carb
FISCH

SARDINEN *mit* CHINAKOHL *und* DIJONMAYONNAISE-DRESSING

FÜR 2 PERSONEN

Zutaten Salat

1 kleine Knoblauchzehe

1 kleiner Chinakohl

Saft einer Zitrone

Salz

Pfeffer aus der Mühle

1 EL Reisessig

2 EL Leinöl

2 cl Sojasauce

1 EL frische Cranberrys

200 g Sardinen, frisch oder aufgetaut

1 Handvoll Sojamehl

1 EL Paprikapulver

Sonnenblumenöl zum Frittieren

Zutaten Dressing

1 Eigelb

100 ml Sonnenblumenöl

1–2 EL Dijonsenf

Saft einer halben Zitrone

1 TL Sojasauce

1 TL Chilipaste

1 EL Joghurt

Salz

Pfeffer aus der Mühle

ZUBEREITUNG

Für das Dressing Eigelb, 1 Spritzer Sonnenblumenöl und Senf cremig rühren, nach und nach das restliche Öl zugeben. Zitronensaft, Sojasauce, Chilipaste und Joghurt nach und nach unterrühren. Mit Salz und Pfeffer abschmecken.

Für den Salat Knoblauch schälen, fein hacken. Chinakohl waschen, halbieren und in feine Streifen schneiden. Mit Knoblauch, Zitronensaft, Salz, Pfeffer, Essig, Öl, Sojasauce und Cranberrys vermischen.

Chinakohl in die Gläser verteilen, mit Dressing beträufeln, restliches Dressing extra servieren.

Sardinen gut waschen, trockentupfen. Mehl und Paprikapulver vermischen und die Sardinen darin wälzen. In 160 °C heißem Öl ca. 2 Minuten herausbacken, abtropfen lassen, mit dem Salat servieren.

KONJAKNUDELN *mit* LACHS *und* WASABIDRESSING

FÜR 4 PERSONEN

Zutaten Salat

100 g Konjaknudeln (Asialaden)

300 g Lachs in Sushi-Qualität

2 Frühlingszwiebeln

schwarzer Sesam

Zutaten Dressing

Saft von 2 Mandarinen oder 1 Orange

3 EL Olivenöl

Salz

Pfeffer aus der Mühle

1 EL Sojasauce

1 EL Reisessig

etwas Wasabipaste

ZUBEREITUNG

Für das Dressing alle Zutaten gut miteinander verrühren, am besten mit dem Stabmixer fein pürieren.

Konjaknudeln gut wässern, abtropfen lassen. Mit dem Dressing vermischen, in den Gläsern verteilen.

Lachs in feine Scheiben schneiden, auf den Konjaknudeln verteilen und mit geschnittenen Frühlingszwiebeln bestreuen. Mit schwarzem Sesam bestreuen.

Statt Reisessig kann man auch Weißweinessig verwenden.

STANGENSELLERIE
mit LAUWARMEM KABELJAU

FÜR 2 PERSONEN

Zutaten Salat

1 EL Pinienkerne

2 Stangen Stangensellerie

1 Grapefruit

150 g Kabeljaufilet

1 EL Olivenöl

1 EL Curry

1 gute Prise Salz

2 EL Olivenöl

Zutaten Dressing

Grapefruitsaft (vom Salat)

Süßungsmittel nach Wunsch und Geschmack

1 TL Paprikapulver

1 gute Prise Salz

Pfeffer aus der Mühle

ZUBEREITUNG

Pinienkerne in einer Pfanne ohne Fett goldbraun rösten und beiseitestellen.

Sellerie mit einem Sparschäler schälen, schräg in sehr feine Streifen schneiden.

Grapefruit mit einem Messer rundum schälen, sodass die weiße Haut komplett entfernt ist. Mit einem scharfen Messer das Fruchtfleisch zwischen den Trennhäuten herausschneiden.

Den dabei entstandenen Grapefruitsaft mit Süßungsmittel, Paprikapulver, Salz und Pfeffer gut verrühren. Mit dem Sellerie vermischen.

Kabeljau in 2 cm große Stücke schneiden, salzen. In Olivenöl erhitzen, Kabeljau bei geringer Hitze beidseitig braten. Lauwarm auf dem Salat servieren.

OKTOPUSSALAT
mit RADICCHIO

FÜR 2 PERSONEN

Zutaten Salat

500 g Oktopus

Salz

1 Lorbeerblatt

1 rote Zwiebel

½ Radicchio

Zutaten Dressing Oktopus

1 rote Chili

1 Knoblauchzehe

2 EL gehackte Petersilie

5 EL Olivenöl

Saft von 2 Zitronen

Salz

Zutaten Dressing Zwiebel

Süßungsmittel nach Wunsch und Geschmack

1 EL Olivenöl

Saft einer halben Zitrone

Salz

Pfeffer aus der Mühle

ZUBEREITUNG

Oktopus unter fließendem kaltem Wasser sorgfältig abspülen, abtropfen lassen. Salzwasser in einem großen Topf zum Kochen bringen. Oktopus mit dem Lorbeerblatt in ca. 1 Stunde weich kochen.

Im Wasser abkühlen lassen. Häuten. In Stücke schneiden und in eine Schüssel geben.

Für das Oktopus-Dressing Chili halbieren, Kerne entfernen, Chili fein hacken. Knoblauch schälen und fein hacken, mit Petersilie, Olivenöl, Chili, Zitronensaft und Salz vermischen. Dressing über den Oktopus gießen. In die Gläser schichten.

Zwiebel schälen, fein schneiden, mit Süßungsmittel, Olivenöl, Zitronensaft, Salz und Pfeffer vermischen. Auf dem Oktopus verteilen.

Radicchiosalat waschen, abtropfen lassen, fein schneiden. Auf dem Zwiebelsalat verteilen.

JAKOBSMUSCHELN *mit* HIMBEEREN *und* MACADAMIANÜSSEN

FÜR 2–4 PERSONEN

Zutaten Salat

1 Avocado

Saft von 2 Limetten

Salz und Pfeffer aus der Mühle

Süßungsmittel nach Wunsch und Geschmack

ca. 12 Jakobsmuscheln

2 EL Olivenöl

2 kleine Salatherzen

100 g Himbeeren

50 g Macadamianüsse

Zutaten Schnittlauchöl

1 Bund Schnittlauch

150 ml Traubenkernöl

Zutaten Dressing

40 ml Schnittlauchöl (s. oben)

Salz

Pfeffer aus der Mühle

20 ml Reisessig

Saft einer halben Zitrone

ZUBEREITUNG

Für das Schnittlauchöl Schnittlauch fein schneiden, mit dem Traubenkernöl vermischen. In einem Topf unter ständigem Mixen (Stabmixer) bis 100 °C erhitzen (am besten mit dem Thermometer messen). Ein Sieb mit einem Kaffeefilter auslegen und das Schnittlauchöl durchlaufen lassen. Für das Dressing alle Zutaten gut miteinander verrühren.

Avocado schälen, halbieren, entkernen und in kleine Würfel schneiden. Mit der Hälfte des Limettensafts, Salz, Pfeffer und evtl. Süßungsmittel vermischen.

Das Schnittlauchöl lässt sich besser in größeren Mengen zubereiten. Den Rest dunkel und kühl lagern und für weitere Salate verwenden.

Jakobsmuscheln trockentupfen, kreuzweise leicht einschneiden, mit Salz und Pfeffer würzen. Eine Pfanne erhitzen, Olivenöl hineingeben. Jakobsmuscheln einlegen und beidseitig kurz anbraten. Mit restlichem Limettensaft ablöschen.

Salatherzen waschen, in feine Streifen schneiden, trockentupfen.

Avocadowürfel in den Gläsern verteilen, Salatherzenstreifen, Jakobsmuscheln, Himbeeren und geröstete gehackte Macadamianüsse darüber verteilen, mit dem Schnittlauchdressing servieren.

GURKEN-RARITÄTEN *mit* RÄUCHERLACHS *und* QUINOA

FÜR 2 PERSONEN

Zutaten Salat

40 g Quinoa

Salz

2–3 Gurken-Raritäten (je nach Größe)

1 EL Olivenöl

2 EL gehackte Korianderblätter

4 Scheiben Räucherlachs

Zutaten Dressing

2 EL Reisessig

1 EL Sesamöl

1 TL Sojasauce

1 TL Sambal Oelek

1 gute Prise Salz

Pfeffer aus der Mühle

Saft einer Zitrone

Süßungsmittel nach Wunsch und Geschmack

ZUBEREITUNG

Quinoa in Salzwasser kochen.

1 Sorte Gurken in feine Scheiben schneiden. Olivenöl in einer Pfanne erhitzen. Gurkenscheiben zugeben, langsam anbraten, leicht salzen, beiseitestellen und lauwarm halten. Die anderen Gurken in längliche Scheiben schneiden.

Für das Dressing alle Zutaten in eine Schüssel geben und verquirlen.

Gekochte lauwarme Quinoa mit 1 EL von der Marinade und gehacktem Koriander vermischen, in die Gläser füllen.

Gebratene Gurkenscheiben darauf verteilen. Die anderen Gurkenscheiben dazugeben, mit geschnittenem Räucherlachs und Korianderblättern belegen. Marinade darübergießen.

RÄUCHERFORELLE *mit* RADIESCHEN, BRUNNENKRESSE *und* ZITRONENJOGHURT

FÜR 2 PERSONEN

Zutaten Salat

240 g Rotweinessig

100 g Birkenzucker

10 Korianderkörner

10 Fenchelkörner

12 Radieschen

1 kleine mehlige Kartoffel

Öl zum Backen

Salz

2 Räucherforellenfilets

1 Handvoll Brunnenkresse

Zutaten Dressing

100 ml Joghurt

Saft einer Zitrone

1 gute Prise Salz

Pfeffer aus der Mühle

1 Schuss Apfelessig

ZUBEREITUNG

Für die eingelegten Radieschen Rotweinessig, Birkenzucker, 15 g Salz, Korianderkörner und Fenchelkörner miteinander aufkochen. Radieschen waschen, halbieren und in Einmachgläser füllen. Gläser bis zum Rand mit der Rotweinessigmischung anfüllen und gut verschließen. Mindestens 1 Tag ziehen lassen.

Für das Dressing alle Zutaten verrühren.

Kartoffel schälen und mit dem Spiralisierer Spiralen drehen. In kaltem Wasser 10 Minuten einweichen. Aus dem Wasser nehmen, trockentupfen. In auf 160 °C erhitztem Öl goldgelb backen. Herausnehmen, abtropfen lassen. Salzen.

Räucherforellenfilets häuten, in Stücke reißen. Mit den abgetropften Radieschen und Brunnenkresse in das Glas geben. Mit Kartoffelspiralen belegen, mit Dressing beträufeln.

Die eingelegten Radieschen halten kühl und dunkel gelagert 2 Wochen.

THUNFISCHTATAR
mit CHINAKOHL

FÜR 2 PERSONEN

Zutaten Salat

200 g Thunfischfilet (Sushiqualität)

1 Schalotte

½ Chinakohl

1 EL Kapernbeeren

¼ Mango

Saft einer Limette

1 EL Olivenöl

Zutaten Dressing

1 Limette

3 EL Olivenöl

1 ½ EL helle Sojasauce

1 EL Crème fraîche

1 TL gehacktes Koriandergrün

Salz

Pfeffer aus der Mühle

ZUBEREITUNG

Thunfischfilet in sehr kleine Würfel schneiden und in eine Schüssel geben. Schalotte fein schneiden.

Die Schale der Limette für das Dressing abreiben und den Saft auspressen. Schalotte, Olivenöl, Sojasauce, Crème fraîche, Koriandergrün, Abrieb und Saft der Limette zu den Thunfischwürfeln geben. Alles gut vermischen. Mit Salz und Pfeffer aus der Mühle würzen.

Chinakohl waschen, in feine Streifen schneiden, Kapernbeeren fein hacken.

Mango schälen, in ca. 1 cm große Stücke schneiden. Chinakohl, Kapern und Mango mit Limettensaft und Olivenöl vermischen, in die Gläser verteilen, darauf das Thunfischtatar verteilen.

KÜRBISNUDELN
mit FORELLE

FÜR 2 PERSONEN

Zutaten Salat

1 Forellenfilet

Saft von 2 Limetten

Salz

Pfeffer aus der Mühle

1 EL gehackte Petersilie

1 kleiner Butternusskürbis

2 Tomaten

Zutaten Dressing

Süßungsmittel nach Wunsch und Geschmack

1 EL gehackte Minze

Saft einer Limette

1 gute Prise Salz

Pfeffer aus der Mühle

2 EL Traubenkernöl

ZUBEREITUNG

Forellenfilet in feine Scheiben schneiden, auf einen Teller legen. Mit Limettensaft beträufeln, mit Salz und Pfeffer aus der Mühle würzen. Petersilie darüberstreuen, Forelle einige Minuten ziehen lassen.

Butternusskürbis schälen, mit einem Spiralisierer in feine Spiralen schneiden, in eine Schüssel geben.

Süßungsmittel mit Minze, Limettensaft, Salz, Pfeffer aus der Mühle und Traubenkernöl vermischen. 10 Minuten ziehen lassen.

In die Gläser verteilen. Tomaten in feine Scheiben schneiden und darauf verteilen, dicht mit Forellenscheiben belegen.

Statt Traubenkernöl passt auch Olivenöl.

THAI-GURKENSALAT
mit GERÖSTETEN ERDNÜSSEN, GEBRATENEN GARNELEN *und* KORIANDER

FÜR 2 PERSONEN

Zutaten Salat

2 Gurken

1 kleine mehlige Kartoffel

Öl zum Frittieren

Salz

2 EL Korianderblätter

100 g vorgekochte Garnelen

Zutaten Dressing

40 g geröstete Erdnüsse

1–2 Chilis

1 Knoblauchzehe

2 EL Fischsauce

2 EL Limettensaft

2 TL Birkenzucker

ZUBEREITUNG

Gurken schälen, der Länge nach halbieren, in feine Streifen schneiden, nochmals in Streifen schneiden.

Erdnüsse grob hacken. Chilis halbieren, Kerne entfernen. Knoblauch schälen, Chilschoten und Knoblauch fein hacken. Mit Fischsauce, Limettensaft, Birkenzucker und Erdnüssen zu einer Paste verrühren.

Kartoffel schälen und mit dem Spiralisierer Spiralen drehen. In kaltem Wasser 10 Minuten einweichen. Aus dem Wasser nehmen, trockentupfen. In auf 160 °C erhitztem Öl goldgelb backen. Herausnehmen, abtropfen lassen. Salzen.

Gurken mit dem Dressing vermischen. Salat mit Korianderblättchen, Garnelen und Kartoffelspiralen anrichten.

Soulfood

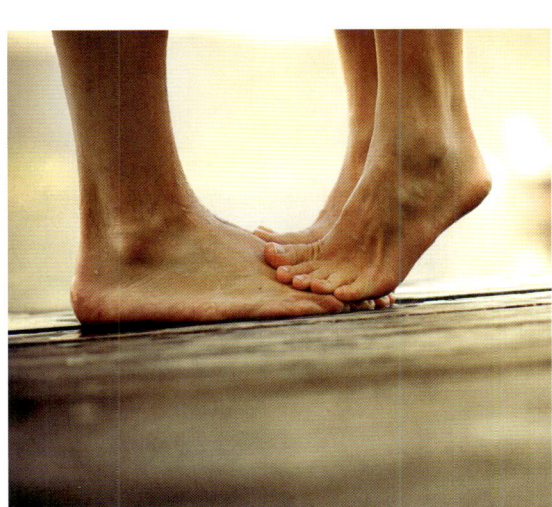

FENCHEL-RADICCHIO-SALAT
mit ÖLSARDINEN

FÜR 2 PERSONEN

Zutaten Salat

1 Fenchel

1 gute Prise Salz

Pfeffer aus der Mühle

Olivenöl zum Marinieren und Braten

1 roter Paprika

1 kleiner Radicchio

150 g Ölsardinen

Zutaten Dressing

1 Knoblauchzehe

1 EL Fenchelkörner

2 EL Olivenöl

2 EL Reisessig

2 EL Dill

1 gute Prise Salz

Pfeffer aus der Mühle

ZUBEREITUNG

Fenchel mit der Schneidemaschine in feine Scheiben schneiden. Mit Salz und Pfeffer aus der Mühle und 2 cl Olivenöl vermischen, 10 Minuten ziehen lassen.

Paprika halbieren, entkernen und in feine Streifen schneiden, ebenso in Olivenöl anbraten.

Für das Dressing Knoblauch schälen und in Scheiben schneiden. Mit dem Fenchel in Olivenöl vorsichtig anschwitzen, dann mit den restlichen Dressingzutaten vermischen und am besten fein pürieren (Stabmixer).

Radicchio in feine Streifen schneiden.

Die Zutaten in folgender Reihenfolge in die Gläser schichten: Fenchel, Sardellen, geschnittener Radicchio, Paprika.

SHAKING SALADS
low carb
FLEISCH

ERBSEN *mit* ROTEN ZWIEBELN *und* WÜRSTCHEN

FÜR 2 PERSONEN

Zutaten Salat

100 g Erbsen

1 EL gehackte Petersilie

2 Bockwürstchen

Sonnenblumenöl zum Braten

1 rote Zwiebel

50 g Schinkenspeck in Scheiben

Zutaten Dressing

Saft von 1,5 Orangen

30 g Weißweinessig

60 g Erdnussöl

1 gute Prise Salz

Pfeffer aus der Mühle

Süßungsmittel nach Wunsch und Geschmack

ZUBEREITUNG

Erbsen in heißem Wasser 1 Minuten kochen lassen. Sehr kalt abschrecken und abtropfen lassen, mit gehackter Petersilie vermischen. In die Gläser füllen.

Die Haut von den Würstchen abziehen, Würstchen in feine Scheiben schneiden. In einer Pfanne mit etwas Sonnenblumenöl beidseitig anbraten, in die Gläser schichten. Zwiebel schälen, in feine Ringe schneiden. Speck in feine Stücke schneiden, in einer Pfanne mit etwas Sonnenblumenöl anbraten. Beides in die Gläser verteilen.

Orangensaft in einem Topf aufkochen und um die Hälfte einkochen lassen. Alle Dressingzutaten miteinander vermischen und am besten 3 Minuten mit dem Stabmixer fein mixen/pürieren. In kleine Gläschen füllen, shaken bei Bedarf.

Statt Erdnussöl eignet sich auch Olivenöl.

FRANKFURTER
mit RÖSTZWIEBELN

FÜR 2 PERSONEN

Zutaten Salat

4 Frankfurter

100 g in Scheiben geschnittene eingelegte Gurken

2 mittlere Zwiebeln

etwas Sojamehl und Paprikapulver

Öl zum Frittieren

20 g Baguette

2 EL Olivenöl

Zutaten Dressing

2 EL Kürbiskernöl

2 EL Apfelessig

1 gute Prise Salz

Pfeffer aus der Mühle

1 TL Senf

ZUBEREITUNG

Frankfurter in Wasser 3 Minuten kochen lassen. Kalt abschrecken, in feine Scheiben schneiden. Beiseitestellen.

Zwiebeln schälen, in feine Scheiben schneiden. In Mehl-Paprika-Mischung wälzen, in heißem Öl goldgelb frittieren. Herausnehmen und gut abtropfen lassen.

Für das Dressing alle Zutaten gut miteinander verrühren.

Baguette in sehr feine Scheiben schneiden. Olivenöl in einer Pfanne erhitzen, Scheiben beidseitig braun braten.

Scheiben in die Gläser schichten. Gurken darauf verteilen, mit in Scheiben geschnittenen Frankfurtern und Röstzwiebeln abschließen. Mit dem Dressing shaken.

Frankfurter Würstchen werden aus reinem Schweinefleisch hergestellt, Wiener aus gemischtem Fleisch. Ob ein Würstchen als Frankfurter oder als Wiener bezeichnet wird, ist aber auch regional unterschiedlich.

Gemeinsam genießen

LAMMRÜCKEN
mit RATATOUILLE

FÜR 2 PERSONEN

Zutaten Salat

1 Aubergine

1 Zucchini

je 1 rote und gelbe Paprika

1 Zwiebel

4 Knoblauchzehen

Olivenöl zum Braten

etwas Rosmarin

1 gute Prise Salz

Pfeffer aus der Mühle

Weißweinessig zum Abschmecken

50 g geröstete Macadamianüsse

2 Lammrückenfilets

Zutaten Dressing

150 ml Joghurt

1 EL gehackte Minze

Salz

ZUBEREITUNG

Für das Dressing alle Zutaten verrühren. In ein Glas füllen.

Aubergine schälen und mit der Zucchini in grobe Würfel schneiden. Paprika halbieren, Kerne entfernen, Paprika in grobe Stücke schneiden. Zwiebel und 2 Knoblauchzehen schälen und in Würfel schneiden.

Eine Pfanne mit Olivenöl erhitzen. Zucchini und Aubergine anbraten, Zwiebel und Knoblauch zugeben, weiter anbraten. Paprika und Rosmarin zugeben, weiter anbraten.

Mit Salz, Pfeffer aus der Mühle und Weißweinessig abschmecken, in die Gläser schichten. Mit gehackten Macadamianüssen bestreuen.

Lammrückenfilets salzen. Eine Pfanne mit Olivenöl erhitzen, Filets mit dem restlichen, ungeschälten und zerquetschten Knoblauch beidseitig 2 Minuten langsam anbraten. Pfeffer darüberstreuen. Filets in Alufolie einwickeln, 4 Minuten warmstellen. Aufschneiden und servieren.

ROASTBEEFSALAT *mit* ÄPFELN, SENFDRESSING, RADIESCHEN *und* ZITRONE

FÜR 2 PERSONEN

Zutaten Salat

1 Apfel

8 Radieschen

2 Salatherzen

8 Scheiben Roastbeef

Zutaten Dressing

Saft einer Orange

Saft einer Zitrone

1 EL Weißweinessig

Süßungsmittel nach Wunsch und Geschmack

1 EL grobkörniger Dijonsenf

4 EL Mohnöl

Salz

Pfeffer aus der Mühle

ZUBEREITUNG

Apfel und Radieschen waschen, in feine Scheiben schneiden, dann nochmals feinnudelig schneiden.

Für das Dressing alle Zutaten miteinander vermengen.

Salatherzen, waschen, trockentupfen und fein schneiden. In das Glas legen.

Roastbeefscheiben auf der Arbeitsfläche auflegen, mit jeweils etwas Apfel-Radieschen-Masse belegen, einrollen, in das Glas stellen. Mit dem Dressing shaken.

Statt Mohnöl passt auch Olivenöl.

ROTKOHL
mit ENTENBRUST

FÜR 2 PERSONEN

Zutaten Salat

½ Rotkohl

Salz

1 Entenbrust

1 EL Sojasauce

Süßungsmittel nach Wunsch und Geschmack

1 TL Korianderkörner

1 Frühlingszwiebel

1 Scheibe Ananas

1 EL Sonnenblumenöl

Zutaten Dressing

Saft einer Orange

Saft einer Zitrone

Pfeffer aus der Mühle

4 cl Walnussöl

Süßungsmittel nach Wunsch und Geschmack

2 cl Weißweinessig

ZUBEREITUNG

Rotkohl vierteln, äußere welke Blätter und Strunk entfernen. Kohl in sehr feine Streifen schneiden und salzen.

Orangensaft und Zitronensaft dazugeben, mit ein wenig Wasser verlängern. Pfeffern, Süßungsmittel, Walnussöl und Weißweinessig zugeben. Salat gut mit dem Dressing durchmischen und 1 Stunde ziehen lassen. In die Gläser verteilen.

Während der Salat zieht, Entenbrust auf der Fettseite kreuzweise einschneiden, mit Salz und Pfeffer würzen. Sojasauce, Süßungsmittel und grob gestoßene Korianderkörner vermischen. Entenbrust damit einreiben, ebenfalls 1 Stunde stehen lassen.

Frühlingszwiebel waschen und länglich in sehr feine Streifen schneiden, in kaltem Wasser ca. 10 Minuten einweichen.

Ananas schälen und in grobe Würfel schneiden. Sonnenblumenöl in einer Pfanne erhitzen, Ananas zugeben, einige Minuten leicht schwenken. Auf dem Kohl in den Gläsern verteilen.

Entenbrust mit der Fettseite nach unten in eine kalte Pfanne ohne Fett einlegen. Hitze einschalten und die Entenbrust ca. 5 Minuten langsam knusprig braten. Wenden und auf der anderen Seite 2 Minuten braten. 5 Minuten warmhalten, dann in feine Scheiben schneiden.

Entenbrust auf den Ananasstücken verteilen, mit Frühlingszwiebelstreifen bestreuen.

SPROSSENSALAT *mit* EIERSPEISE, SPECK *und* TOMATEN

FÜR 2 PERSONEN

Zutaten Salat

2 Tomaten

4 Eier

1 EL Butter

1 gute Prise Salz

Pfeffer aus der Mühle

4 Scheiben Bauchspeck

1 Handvoll Rote-Rüben-Sprossen und Lauchsprossen

Zutaten Dressing

3 EL Olivenöl

1 gute Prise Salz

Pfeffer aus der Mühle

Zitronensaft nach Geschmack

ZUBEREITUNG

Tomaten in Scheiben schneiden und in ofenfeste Gläser einschichten.

Für die Eierspeise Eier, weiche Butter, Salz und Pfeffer locker verrühren, auf den Tomaten verteilen.

Im vorgeheizten Ofen bei 180 °C Ober-/Unterhitze auf der mittleren Schiene ca. 10–14 Minuten backen.

Speck in einer Bratpfanne langsam beidseitig braten.

Sprossen mit Olivenöl, Salz, Pfeffer aus der Mühle und Zitronensaft vermischen, mit dem Speck auf die Gläser verteilen.

*Auch andere Sprossen passen sehr
gut in diesen Salat.*

SCHWEINEBAUCH
mit ASIA-KOHLSALAT

FÜR 2 PERSONEN

Zutaten Salat

4 Scheiben dünn geschnittener Schweinebauch

etwas gestoßener Koriander

Salz

Pfeffer aus der Mühle

Öl zum Braten

400 g Weißkohl

1 EL Birkenzucker

Saft einer halben Zitrone

2 EL Chiaöl

5 EL Reisessig

2 EL Currypulver

1 TL Chilipaste

1 Karotte

Zutaten Dressing

70 g zuckerfreies Zwetschkenmus

Saft einer Orange

Saft einer Zitrone

1 TL grob gestoßene Korianderkörner

Salz

Pfeffer aus der Mühle

1 EL Sesamöl

2 EL Reisessig

ZUBEREITUNG

Für das Dressing alle Zutaten gut miteinander verrühren.

Schweinebauch mit Koriander, Salz und Pfeffer einreiben und von allen Seiten braten.

Strunk des Weißkohls entfernen, Kohlblätter in feine Streifen schneiden. Mit Birkenzucker,

Zitronensaft, Chiaöl, Reisessig, Curry, Chilipaste und Salz vermischen.

Karotte schälen, mit dem Sparschäler feine Streifen abziehen. Zum Kohl geben, vermischen.

Salat in die Gläser verteilen, mit Bauchfleischstreifen belegen. Dressing eingießen, shaken.

Statt Chiaöl kann man auch Olivenöl oder Sonnenblumenöl verwenden, statt Reisessig Weißweinessig.

NÜRNBERGER BRATWÜRSTCHEN
mit WEISSEN BOHNEN

FÜR 2 PERSONEN

Zutaten Salat

70 g weiße Bohnen

8 Nürnberger Bratwürstchen

Sonnenblumenöl zum Braten und Frittieren

1 kleine mehlige Kartoffel

Salz

2 dicke Tomatenscheiben

2 Eier

Apfelessig

Pfeffer aus der Mühle

Zutaten Dressing

500 g Tomaten

1 Zwiebel

2 Knoblauchzehen

120 ml Olivenöl

50 ml Rotweinessig

Süßungsmittel nach Wunsch und Geschmack

Salz

Pfeffer aus der Mühle

ZUBEREITUNG

Bohnen über Nacht einweichen. Abgießen, in reichlich Wasser langsam weich kochen.

Tomaten grob schneiden. Zwiebel und Knoblauch schälen, fein hacken und mit Öl in einer Pfanne langsam anschwitzen. Tomaten zugeben und 10 Minuten leise köcheln lassen. Essig, Süßungsmittel, Salz und Pfeffer zugeben, nochmals leicht köcheln lassen. In eine Schüssel füllen, kurz mit dem Stabmixer pürieren. Durch ein Sieb streichen, abschmecken.

Bohnen abseihen und noch warm mit dem Dressing vermengen. Würstchen in Scheiben schneiden, in einer heißen Pfanne in Sonnenblumenöl von allen Seiten kurz anbraten. Kartoffel waschen, schälen und in sehr feine Scheiben schneiden. Einen Topf mit Öl erhitzen, Kartoffelscheiben goldgelb backen. Herausnehmen, abtropfen lassen, salzen. Die 2 Tomatenscheiben in einer Pfanne mit etwas Sonnenblumenöl beidseitig braten.

Ca. 500 ml Wasser mit 2 Spritzern Essig aufkochen, jedes Ei in eine kleine Schüssel aufschlagen. Wasser mit einem Löffel umrühren, Eier nacheinander langsam hineingleiten lassen, evtl. mit dem Löffel das Eiweiß über das Eigelb ziehen. Eier ohne Hitze 5 Minuten ziehen lassen. Herausheben, abtropfen lassen.

Bohnen mit Dressing, Eiern und Würstchen in die Gläser schichten. Mit Chips belegen, mit Pfeffer bestreuen.

TAFELSPITZSALAT

Zutaten Salat

300 g Tafelspitz

(hochwertiges Rindfleisch zum Kochen)

1 kleine Karotte

1 Petersilienwurzel

1 Zwiebel

Salz

5 Pfefferkörner

1 Suppengrün (Karotte, Petersilienwurzel …)

1 Lorbeerblatt

½ Lauch

Zutaten Dressing

3 Eigelb

3 EL Olivenöl

1–2 EL Apfelessig

1 TL Meerrettich aus dem Glas

Salz

Pfeffer aus der Mühle

ZUBEREITUNG

Für das Dressing Eigelb mit Olivenöl vorsichtig aufschlagen. Mit etwas Essig verdünnen. Anschließend die übrigen Dressingzutaten hinzugeben und gut verrühren oder mixen. Vor der Verwendung noch einige Zeit kühl stellen.

Fleisch kalt abwaschen. In einem Topf Wasser aufkochen, Fleisch einlegen, es sollte mit Wasser bedeckt sein.

Bei hoher Hitze aufkochen lassen, bis sich Schaum auf der Wasseroberfläche gebildet hat. Schaum mit einer Schaumkelle abschöpfen und entsorgen. In der Zwischenzeit die Zwiebel halbieren und in einer beschichteten Pfanne ohne Fett auf der Schnittfläche braun rösten.

Temperatur reduzieren, sodass das Fleisch nur „leise köchelt". Je nach Wassermenge ca. 3 TL Salz zugeben. Mit Pfefferkörnern, Lorbeerblatt und Zwiebelhälften 2–3 Stunden köcheln lassen. (Bei guter Fleischqualität ist das Ergebnis recht unabhängig von Größe des Fleischstücks oder längerer Kochzeit!). 1 Stunde vor Garende Suppengemüse im Ganzen zugeben.

Fleisch in der Suppe auskühlen lassen. In möglichst dünne Scheiben schneiden.

Suppengemüse in Stücke schneiden. Lauch in Ringe schneiden und kurz blanchieren, kalt abschrecken. Suppengemüse und Lauch in die Gläser füllen, Rindfleisch zu Röllchen drehen und darauf verteilen, mit dem Dressing marinieren.

ZUCCHINI-PAPRIKA-GEMÜSE
mit SPECK *und* PFEFFERCRUMBLE

FÜR 2 PERSONEN

Zutaten Salat

20 g Butter, warm

1 EL Birkenzucker

20 g Mehl

2–3 Prisen schwarzer Pfeffer

2 Prisen Backpulver

1 gute Prise Salz

1 Eigelb

2 Zucchini

2 EL Olivenöl

je 1 roter und gelber Paprika

100 g Bauchspeck

Zutaten Dressing

2 Zweige Rosmarin

Süßungsmittel nach Wunsch und Geschmack

2 EL Olivenöl

1 EL Sherryessig

1 gute Prise Salz, Pfeffer aus der Mühle

ZUBEREITUNG

Für den Streusel Butter mit Birkenzucker schaumig schlagen, nach und nach Eigelb untermixen, dann Mehl, Pfeffer, Backpulver, Salz und Eigelb gut einmixen.

Auf ein mit Backpapier belegtes Backblech verteilen, bei 180 °C Ober-/Unterhitze im vorgeheizten Ofen ca. 15 Minuten backen. Auskühlen lassen.

Zucchini in längliche Scheiben schneiden. Eine Pfanne mit dem Olivenöl erhitzen, Zucchini beidseitig braten.

Beide Paprika waschen, halbieren und entkernen, in ca. 1 cm große Stücke schneiden.

Speck in 1 cm große Würfel schneiden und in einer Pfanne braun rösten. Rosmarin zupfen und zugeben, leicht anbraten.

Für das Dressing den Rosmarin aus der Pfanne geben. Mit den restlichen Dressingzutaten vermischen und mit dem Stabmixer pürieren. Beiseitestellen.

In die Gläser Streusel, roten Paprika, Zucchini, gelben Paprika, wieder Streusel und Speck schichten, verschließen. Rosmarindressing extra servieren und bei Gebrauch darübergießen.

VITELLO *mit* KAPERN, CHICORÉE *und* KIRSCHTOMATEN

FÜR 2–4 PERSONEN

Zutaten Salat

500 g Kalbsrücken

1 gute Prise Salz

Pfeffer aus der Mühle

1 EL Olivenöl

1 EL Kapernbeeren

2 kleine Chicorée

Butter zum Braten

50 g Kirschtomaten

etwas Garten-Kresse

Zutaten Dressing

100 ml saure Sahne

1 gute Prise Salz

Pfeffer aus der Mühle

1 EL Kapern

1 TL Weißweinessig

120 g Thunfisch aus der Dose, ohne Öl, abgetropft

ZUBEREITUNG

Kalbsrücken zuputzen, salzen und pfeffern. Eine Pfanne mit Olivenöl erhitzen, Fleisch beidseitig anbraten. Im vorgeheizten Ofen bei 120 °C Ober-/Unterhitze auf der mittleren Schiene ca. 20 Minuten rosa braten (Kerntemperatur 55 °C). Auskühlen lassen. In feine Scheiben schneiden.

Chicorée in Stücke schneiden. In Butter anbraten, auskühlen lassen. Kirschtomaten halbieren, zugeben.

Chicorée und Tomaten in eine Form oder Gläser schichten, geschnittenes Fleisch darauf verteilen.

Für das Thunfischdressing alle Zutaten vermischen und mit dem Stabmixer fein pürieren. Extra servieren.

SHAKING SALADS
low carb
SÜSS

KOKOSKEKSE *mit* HIMBEEREN *und* OLIVENÖL-SCHOKOLADEN-SAUCE

FÜR 2–4 PERSONEN

Zutaten Kokoskekse

75 g Butter

60 g Mandelmehl

40 g Kokosflocken

30 g Ei

40 g Birkenzucker

2 g Backpulver

1 gute Prise Salz

Zutaten Sauce

100 ml Wasser

30 g Birkenzucker

20 g sehr fruchtiges gutes Olivenöl

100 g Low-Carb-Bitterkuvertüre

250 g frische Himbeeren

ZUBEREITUNG

Für die Kekse sehr weiche Butter glatt rühren, dann die anderen Zutaten zugeben und schnell zu einen glatten Masse kneten. Auf Backtrennpapier dünn aufstreichen, bei 180 °C Ober-/Unterhitze im vorgeheizten Ofen ca. 15–20 Minuten backen. In Stücke brechen.

Für die Olivenölsauce Wasser, Birkenzucker und Olivenöl aufkochen. Grob gehackte Bitterkuvertüre zugeben, 10 Minuten ziehen lassen. Glatt rühren, in eine Flasche füllen.

Keksstücke in eine Schüssel verteilen, mit Himbeeren belegen.

Sauce über die Kekse und Himbeeren verteilen.

PECANNUSSCRUMBLE *mit* MEERRETTICHCREME *und* ERDBEEREN

FÜR 2 PERSONEN

Zutaten Crumble

30 g Sojamehl

10 g Birkenzucker

30 g grob gehackte Pecannüsse

40 g Butter

Zutaten Meerrettichcreme

250 ml saure Sahne

30 g Birkenzucker

Saft einer Zitrone

1 EL Meerrettich aus dem Glas

250 g Erdbeeren

ZUBEREITUNG

Für den Crumble Mehl, Pecannüsse und Birkenzucker vermischen. Kalte Butter in Stücken nach und nach zugeben. Mischung zu Teig verkneten, 1 Stunde kalt stellen.

Teig mit der Hand grob zerbröseln und im vorgeheizten Ofen auf der mittleren Schiene ca. 15 Minuten bei 190 °C Ober-/Unterhitze backen. Auskühlen lassen.

Für die Creme saure Sahne, Birkenzucker, Zitronensaft und Meerrettich in einer Schüssel vermischen. In die Gläser verteilen, die geschnittenen Erdbeeren sowie die Streusel darauf verteilen.

BIRNENSPONGE
mit SAFRAN

FÜR 2 PERSONEN

Zutaten Sponge und Birnen

2 Eier

1 Eigelb

15 g Butter

15 g Mehl

25 g Birkenzucker

10 g Kakaopulver

2 kleine Birnen

ca. 3 EL Birnenschnaps

Zutaten Sud

½ l trockener Weißwein

Abrieb einer Zitrone

40 g Birkenzucker

1 Päckchen Safran

ZUBEREITUNG

Eier, Eigelb, Butter, Mehl, Birkenzucker und Kakao verrühren. In eine Isi-Flasche füllen, 3 Patronen schießen. In eine ca. 19 x 19 x 3 cm große Plastikform einsprühen und 2 Minuten 30 Sekunden bei 600 Watt in der Mikrowelle garen. Auskühlen lassen. In Stücke reißen.

Birnen, schälen, vierteln, mit dem Messer das Kerngehäuse entfernen.

Weißwein, Zitronenschale, Birkenzucker und Safran aufkochen. Birnenspalten einlegen, ca. 15 Minuten weich kochen lassen. Im Sud auskühlen lassen.

Birnen in die Gläser füllen, Sponge darauflegen, mit Schnaps beträufeln, flambieren.

Der Safran verleiht den Birnen ihre saftig-gelbe Farbe — ein echter Hingucker für Gäste.

SAUERRAHMSCHMARRN

FÜR 2 PERSONEN

Zutaten Saure-Sahne-Schmarrn

2 Eier

150 g saure Sahne

20 g Birkenzucker-Puderzucker

1 EL Zitronensaft

20 g Mehl

Butter zum Braten

10 g Birkenzucker

Zutaten Aprikosenkompott

8 Aprikosen

2 EL Birkenzucker

1 Zimtstange

1 Vanilleschote

Zutaten Heidelbeerkompott

2 EL Birkenzucker

120 g Wald-Heidelbeeren

2 Stück Sternanis

Abrieb einer Orange

ZUBEREITUNG

Für den Aprikosenkompott Aprikosen halbieren und entkernen. Mit Birkenzucker in einer Pfanne kurz schwenken. Mit 150 ml Wasser ablöschen, Zimtstange und die der Länge nach halbierte Vanilleschote und das ausgeschabte Mark zugeben. Aprikosen ca. 10 Minuten weich kochen, auskühlen lassen.

Für den Heidelbeerkompott Birkenzucker, Heidelbeeren, Sternanis und Orangenschale in einer Pfanne erhitzen und 3 Minuten leicht einkochen lassen, beiseitestellen.

Eier trennen. Eigelb, saure Sahne, Birkenzucker-Puderzucker und Zitronensaft gut verrühren, Mehl untermengen.

Eiweiß mit Zucker auf-, aber nicht überschlagen und unter die Masse heben.

In einer Pfanne Butter erhitzen, Masse in die heiße Pfanne gießen, auf dem Herd 1 Minute anbacken. Anschließend im vorgeheizten Ofen bei 170 °C Ober-/Unterhitze weiterbacken, bis die Oberseite goldbraun ist. Das dauert erfahrungsgemäß ca. 10 Minuten. Mit einer Gabel zerreißen.

Aprikosenkompott in die Gläser oder Teller verteilen, Schmarrn darauf verteilen und mit Heidelbeerkompott garnieren.

MANDELMEHLKUCHEN *mit* ZITRONENTHYMIAN

FÜR 3–4 PERSONEN

Zutaten Mandelmehlkuchen

4 Eier

1 gute Prise Salz

Abrieb einer Orange

Abrieb einer Zitrone

100 g Birkenzucker plus Birkenzucker zum Bestreuen

150 g Mandelmehl

Zutaten Zwetschkenkompott

350 g Zwetschken

60 g Birkenzucker

1 kleine Zimtstange

Schale einer Zitrone

40 g Wasser oder trockener Rotwein

2 Zweige Zitronen-Thymian

Zutaten Topping

100 g Quark, 20%

Abrieb einer Limette

2 EL Milch

etwas Zitronen-Thymian

ZUBEREITUNG

Für den Kuchen Eier trennen. Eigelb, Salz, Orangen- und Zitronenschale und etwas Birkenzucker cremig rühren.

Eiweiß gut anschlagen und den restlichen Birkenzucker zugeben, zu einer cremigen Schneemasse schlagen. Mit dem Mandelmehl unter die Eigelbmischung heben.

Ofenfeste Gläser einfetten. Gläser zur Hälfte mit Teig füllen, auf ein Backblech stellen und bei 160 °C Ober-/Unterhitze im vorgeheizten Ofen 25–30 Minuten backen.

Für den Zwetschkenkompott Zwetschken halbieren und entsteinen. Alle Kompottzutaten in

einen kleinen Topf geben und leicht kochen (ca. 2 Minuten, nicht zu weich werden lassen). Abkühlen lassen.

Für das Topping alle Zutaten verrühren.

Mit einem Löffel etwas von der Kuchenmasse aus den Gläsern ausstechen. Zwetschken auf dem Kuchen in den Gläsern verteilen. Ausgestochenen Rest des Kuchens in feine Stücke zerbröseln, auf ein Backblech legen, mit Birkenzucker bestreuen, bei 250 °C Ober-/Unterhitze im vorgeheizten Ofen braun backen.

Auf den Zwetschken verteilen, mit Topping und Thymian garnieren.

RHABARBER
mit QUARKNOCKEN

FÜR 2 PERSONEN

Zutaten Rhabarber

30 g Birkenzucker

60 ml Weißwein

60 ml Orangensaft

330 g TK-Erdbeeren

1 Vanilleschote

4 Stangen Rhabarber

Zutaten Quarknocken

250 g Quark

130 g Mandelmehl

20 g Birkenzucker

2 Eier

½ TL Backpulver

Saft einer Zitrone

1 EL Minze, fein gehackt

Öl zum Backen

Minze

Birkenzucker-Puderzucker zum Bestreuen

ZUBEREITUNG

Für den Rhabarber Birkenzucker, Weißwein, Orangensaft, 130 ml Wasser, TK-Erdbeeren, der Länge nach halbierte Vanilleschote und das ausgeschabte Mark einmal kurz aufkochen lassen, Vanilleschote entfernen. Mischung mit dem Stabmixer pürieren und durch ein Sieb passieren. Rhabarber in 1 cm dicke Scheiben schneiden und zu der Erdbeermischung geben, nochmals kurz erhitzen. Beiseitestellen und auskühlen lassen.

Für die Quarknocken alle Zutaten gut vermengen. Mit einem Teelöffel kleine Krapfen/Nocken abstechen und in 160 °C heißem Öl kurz goldgelb herausbacken. Herausnehmen, abtropfen lassen. Mit dem Rhabarber in die Gläser verteilen, Minze dazugeben und mit Birkenzucker-Puderzucker bestreuen.

CHURROS *mit* ERDBEEREN *und* SCHOKOLADENSAUCE

FÜR 2–4 PERSONEN

Zutaten Churros

150 g Sojamehl

170 ml Wasser

4 cl Olivenöl

30 g Birkenzucker

1 gute Prise Salz

1 TL Backpulver

1 Ei

Öl zum Frittieren

150 g Erdbeeren

etwas Minze

1 TL geriebene Pistazien

Zutaten Schokoladensauce

50 ml Milch

80 ml Sahne

40 g Birkenzucker

ca. 200 g Low-Carb-Kochschokolade

ZUBEREITUNG

Für die Schokoladensauce Milch, Sahne und Birkenzucker aufkochen. Klein geschnittene Kochschokolade zugeben, darin auflösen.

Mehl in eine große hitzebeständige Schüssel sieben.

Wasser, Olivenöl, Birkenzucker, Salz und Backpulver in einem kleinen Topf aufkochen. Sobald es schäumt, vom Herd nehmen und direkt über das Sojamehl gießen. Mit einem Holzlöffel zu einem festen Teig verrühren. Ei zugeben, Teig glatt rühren. In einen Spritzbeutel mit Sterntülle einfüllen.

Öl in einem großen Topf erhitzen (160 °C). Ca. 5 cm lange Churros direkt ins heiße Fett spritzen. Nicht zu viele Churros auf einmal frittieren.

Goldbraun und knusprig frittierte Churros aus dem Fett nehmen und auf Küchenkrepp entfetten.

Erdbeeren halbieren, in die Gläser legen. Mit den Churros belegen, mit Minze und Pistazien bestreuen. Schokoladensauce extra servieren.

KAROTTEN-BIRNEN-KOMPOTT
mit SESAM

FÜR 2 PERSONEN

Zutaten Karotten

2 Karotten

3 Urkarotten

Zutaten Kompott

1 Birne

1 EL Birkenzucker

5 Pimentkörner

1 TL frisch geriebener Ingwer

2 EL weißer Balsamicoessig

3 EL Sesamöl

Saft einer Zitrone

2 EL Sesam

ZUBEREITUNG

Karotten und Urkarotten schälen, mit dem Spiralisierer Spiralen drehen.

Birne halbieren, entkernen, in ca. 1 cm große Würfel schneiden. Mit Birkenzucker, Pimentkörnern und Ingwer in einer Pfanne kurz schwenken. Balsamicoessig, Sesamöl und Zitronensaft zugeben, kurz einkochen lassen. Auskühlen lassen.

Pimentkörner entfernen. Karotten in die Gläser schichten, die Urkarotten darauf verteilen, mit Birnenwürfeln, etwas Marinade und Sesam auffüllen.

SHAKING SALADS

~~low carb~~

CHEAT MEALS

Low Carb ohne Cheat Meals, das ist ein bisschen wie Salat ohne Dressing. Cheat Meals heißen Schlemmermahlzeiten, mit denen ihr die Low-Carb-Ernährung unterbrechen könnt, um euren Stoffwechsel anzukurbeln und Gelüste auf all das zu stillen, was bei Low Carb tabu ist. Die Grundregel lautet: Es gibt keine Regel, alles ist erlaubt. Wie häufiges Cheaten sinnvoll ist, ist individuell unterschiedlich. Lasst euch von den Rezepten in diesem Kapitel inspirieren und genießt das Schlemmen!

FALAFELN *mit* BULGUR-SALAT

FÜR 2 PERSONEN

Zutaten Petersiliensalat

100 g Bulgur

Salz

1 Bund Petersilie

1 Bund Minze

2 Frühlingszwiebeln

6 Kirschtomaten

40 ml Olivenöl

Saft einer Zitrone

Pfeffer aus der Mühle

Zutaten Falafeln

200 g Kichererbsen aus der Dose

250 g Kidneybohnen aus der Dose

1 Bund Koriander

Abrieb und Saft von 2 Zitronen

1 TL Harissapulver

2 EL Mehl

Salz

Olivenöl zum Braten

Zutaten Mangosauce

100 ml Mangosaft

1 EL Weißweinessig

1 gute Prise Salz, Pfeffer aus der Mühle

1 TL Sambal Olek oder 1 kleine, entkernte und fein gehackte Chilischote

2 EL Olivenöl

ZUBEREITUNG

Bulgur in Salzwasser weich kochen, abseihen und kalt abschrecken, beiseitestellen.

Petersilie und Minze fein hacken. Frühlingszwiebeln in feine Ringe schneiden, Tomaten in Scheiben schneiden.

Tomaten, Frühlingszwiebeln, Petersilie und Minze mit Olivenöl, Zitronensaft, Salz und Pfeffer vermengen. Bulgur unterrühren.

Alle Saucenzutaten miteinander verrühren.

Kichererbsen und Bohnen abwaschen und gut abtropfen. Koriander hacken. Kichererbsen und Bohnen mit Zitronenschale, Zitronensaft und Harissa grob cuttern. In eine Schüssel füllen, Koriander und Mehl zugeben, mit Salz abschmecken. Kleine Kugeln drehen, mit nassen Händen etwas flach drücken. In Öl in einer Pfanne beidseitig ganz langsam braun braten.

Petersiliensalat in die Gläser füllen, mit Falafeln belegen. Sauce extra reichen.

Schmeckt besonders gut mit Pitabroten.

ASIA-NUDELN *mit* APRIKOSEN *und* GEBRATENER HÜHNERBRUST

FÜR 2 PERSONEN

Zutaten Salat

200 g dicke Reisnudeln

1 EL Cashewkerne

2 Frühlingszwiebeln

2 Knoblauchzehen

1 daumengroßes Stück Ingwer

½ rote Chilischote

2 EL Sesamöl

8 reife Aprikosen

1 EL Ahornsirup

Saft einer Limette

Salz

Pfeffer aus der Mühle

1 Hühnerbrust

1 EL Sesamöl

Zutaten Dressing

1 Stange Zitronengras

1 EL Sesamöl

2 EL Sojasauce

Saft einer Limette

1 EL Wasser

ZUBEREITUNG

Reisnudeln nach Packungsangabe garen und abtropfen lassen. Cashewnüsse in einer kleinen Pfanne ohne Fettzugabe rösten, bis sie zu duften beginnen. Abkühlen lassen grob hacken.

Frühlingszwiebeln in feine Scheiben schneiden, Knoblauch und Ingwer schälen und grob hacken. Chili entkernen und fein hacken. In einem Wok oder Pfanne Frühlingszwiebeln, Knoblauch, Ingwer und Chili in heißem Sesamöl anbraten.

Die in Scheiben geschnittenen, entkernten Aprikosen zugeben, schwenken und mit Ahornsirup und Limettensaft ablöschen.

Aus der Pfanne in eine Schüssel geben, salzen und pfeffern.

Für die Marinade Zitronengras fein schneiden. Sesamöl erhitzen, Zitronengras zugeben, mit Sojasauce und Limettensaft aufgießen. Leicht einkochen lassen.

Hühnerbrust in 1 cm dicke Streifen schneiden. Pfanne mit Sesamöl erhitzen, Hühnerbrust scharf anbraten.

Nudeln in das Glas füllen, Aprikosen, Hühnerbruststreifen und Cashewkerne einschichten. Mit Dressing übergießen.

ZWEIERLEI KARTOFFELN *mit* SPECKDRESSING, FELDSALAT *und* HASELNÜSSEN

FÜR 2 PERSONEN

Zutaten Salat

300 g neue Kartoffeln

300 g violette Kartoffeln

50 g Haselnüsse

2 Handvoll Feldsalat

½ Granatapfel

Zutaten Dressing

100 g geräucherter Bauchspeck

125 ml Gemüsesuppe

2 EL Olivenöl

1 EL Weißweinessig

1 TL Dijonsenf

1 gute Prise Salz

Pfeffer aus der Mühle

ZUBEREITUNG

Kartoffeln in reichlich Salzwasser langsam weich kochen, abseihen, auskühlen lassen. Schälen und in Würfel schneiden.

Haselnüsse im vorgeheizten Ofen bei 170 °C Ober-/Unterhitze rösten, in ein Küchentuch legen, zusammenfalten, die Schale durch Reiben ablösen. Nüsse grob hacken.

Granatapfelkerne auslösen.

Für das Dressing den Bauchspeck in feine Würfel schneiden. Eine Pfanne erhitzen und die Würfel darin langsam knusprig rösten. Mit den restlichen Dressingzutaten vermischen, glatt rühren.

Helle Kartoffeln in das Glas füllen, Haselnüsse darauf verteilen. Violette Kartoffeln darüber verteilen, mit Granatapfelkernen bestreuen und mit Feldsalat abschließen. Das Speckdressing extra servieren.

Schmeckt auch ohne Speck, mit mehr Haselnüssen, und ist dann vegan.

MELONENSALAT *mit* GRÜNKERN *und* KNUSPRIGEM SERRANOSCHINKEN

FÜR 2 PERSONEN

Zutaten Salat

200 g Grünkern

Salz

½ Handvoll frischer Koriander

½ Honigmelone

½ Zuckermelone

1 EL grob geschnittene Minze

4 Scheiben Serranoschinken

Grissini

Zutaten Dressing

1 TL gestoßene Korianderkörner

etwas Sumach

2 EL Tomatenessig

4 EL Traubenkernöl

Saft einer Orange

Salz

Pfeffer aus der Mühle

ZUBEREITUNG

Grünkern am besten am Vortag in kaltem Wasser einweichen. Abseihen, in Salzwasser langsam weich köcheln. Abseihen, in eine Schüssel umfüllen.

Korianderkörner langsam in einer Pfanne rösten. Mit Sumach zum Grünkern zugeben. Tomatenessig, Traubenkernöl, Orangensaft, Salz und Pfeffer zugeben und locker miteinander vermischen. In die Gläser füllen.

Die beiden Melonenarten schälen und entkernen. In 1 cm große Würfel schneiden. Mit der

Minze vermischen, auf dem Grünkernsalat verteilen.

Serranoschinken zwischen 2 Backtrennpapierblättern in eine kalte Pfanne legen, mit einem Topf beschweren, erhitzen, dann langsam knusprig braten.

Mit Grissini auf den Melonen verteilen.

Für eine vegane Variante Schinken einfach weglassen.

PAPRIKASALAT *mit* REIS *und* FLEISCHBÄLLCHEN

FÜR 2 PERSONEN

Zutaten Salat

100 g Reis

Salz

2 gemischte bunte Paprika

2 Knoblauchzehen

1 rote Zwiebel

Olivenöl zum Braten

1 Zweig Thymian

1 Zweig Rosmarin

2 EL Rotweinessig

130 ml Apfelsaft

Pfeffer aus der Mühle

Zutaten Fleischbällchen

1 Semmel

1 kleine Zwiebel

Olivenöl zum Braten

250 g Hackfleisch (Rind und Schwein gemischt)

1 Ei

Majoran

Salz

Pfeffer aus der Mühle

1 EL gehackte Petersilie

ZUBEREITUNG

Reis in einem Topf mit Salzwasser bissfest kochen.

Währenddessen Paprikaschoten längs vierteln, entkernen und in längliche Stücke schneiden. Knoblauch und Zwiebel für den Salat schälen und kleinschneiden.

Semmel 10 Minuten in kaltem Wasser einweichen. Gut ausdrücken und fein hacken.

Für die Fleischbällchen Zwiebel schälen, in einer Pfanne mit Öl anschwitzen.

Hackfleisch, Zwiebel, Ei, Majoran, Salz, Pfeffer, Petersilie und Semmel miteinander vermengen. Kleine Kugeln formen und in einer heißen Pfanne mit Öl von allen Seiten kurz anbraten. Im vorgeheizten Ofen bei ca. 200 °C Ober-/ Unterhitze weitere 10 Minuten nachbacken lassen.

Olivenöl in einer Pfanne erhitzen. Paprikastreifen, Zwiebel, Knoblauch, Rosmarin, Thymian anbraten, mit Rotweinessig und Apfelsaft ablöschen. Leicht einkochen lassen, mit Salz und Pfeffer aus der Mühle würzen.

Reis, Paprikagemüse und Fleischbällchen in eine Form oder Gläser füllen.

DATTELN *mit* ORANGE, POMELO, GRENADINESIRUP *und* SCHOKOERDE

ZUTATEN FÜR 2 PERSONEN

Zutaten Schokoladenerde

70 g weiche Butter

50 g Rohzucker

100 g Mehl

15 g Kakaopulver

Zutaten Marinade

200 ml Karottensaft

100 ml Grenadinesirup

Saft von 2 Zitronen

Zutaten Früchte

1 Pomelo

200 g frische Datteln

2 Orangen

ZUBEREITUNG

Für die Schokoladenerde alle Zutaten miteinander gut verkneten. Auf einem Backblech verteilen und bei 180 °C Ober-/Unterhitze im vorgeheizten Ofen ca. 5 Minuten backen. Ofen ausschalten und die Schokoladenerde ca. 3 Stunden ziehen lassen.

Für die Marinade alle Zutaten in einer Schüssel verrühren.

Pomelo halbieren, Fruchtfleisch herausnehmen und in Stücke teilen, beiseitelegen. Datteln schälen, halbieren, Kerne entfernen und Datteln vierteln. Orangen mit einem Messer schälen und in Scheiben schneiden.

In dieser Reihenfolge in die Gläser schichten: Orangen, Datteln, Pomelo, Schokoladenerde.

TRAUBEN *mit* LÖFFELBISKUITS *und* SCHOKOSAUCE

FÜR 2 PERSONEN / CA. 20 LÖFFELBISKUITS

Zutaten Löffelbiskuits

2 Eigelb

15 g Puderzucker plus Puderzucker zum Bestreuen

½ TL Vanillezucker

Schale einer halben Zitrone

2 Eiweiß

40 g Zucker

10 g Stärke

40 g Mehl

Zutaten Trauben

2 EL Zucker

170 g gemischte Trauben

1 kleine Chili

100 ml Orangensaft

Zutaten Sauce

50 g Macadamianüsse

50 g Bitterkuvertüre

70 ml Milch

ZUBEREITUNG

Eigelb, Puderzucker, Vanillezucker und Zitronenschale schaumig schlagen.

Eiweiß, Zucker und Stärke zu Schnee schlagen. Beide Massen mischen, gesiebtes Mehl einrühren. In einen Dressiersack mit glatter Tülle geben, auf ein mit Backpapier belegtes Blech Löffelbiskuits spritzen, mit Puderzucker bestreuen. Bei 200 °C im vorgeheizten Backofen ca. 10 Minuten backen. Auskühlen lassen.

Macadamianüsse im Ofen bei 180 °C ca. 10 Minuten braun rösten, herausnehmen, auskühlen lassen.

Zucker für die Trauben in einer Pfanne karamellisieren lassen. Trauben zugeben. Chili halbieren, Kerne entfernen und Chili fein hacken. Chili zugeben, mit Orangensaft ablöschen, ca. 3 Minuten bei geringer Hitze einkochen lassen.

Kuvertüre grob hacken. Milch aufkochen, Kuvertüre in der Milch auflösen, glatt rühren.

Löffelbiskuits in die Gläser am Rand einlegen, Trauben einfüllen. Sauce der Trauben darübergießen, mit Nüssen und Schokoladensauce garnieren.

BANANEN-EISTEE
mit SHORTBREAD

FÜR 2–4 PERSONEN

Zutaten Tee

1 l kaltes Wasser

2 Beutel Schwarztee oder offener Schwarztee

30 g Ahornsirup

50 g Zucker

1 Orange

1 Zitrone

1 daumengroßes Stück Ingwer

2 Bananen

150 ml Orangensaft

250 ml Mineralwasser oder Prosecco zum Aufgießen

einige Minzeblätter

Zitronen Shortbread

50 g Puderzucker

70 g weiche Butter

100 g Mehl plus Mehl zum Arbeiten

Abrieb einer Zitrone

1 Prise Salz

ZUBEREITUNG

Für den Eistee Wasser in eine Schüssel gießen, dann Teebeutel ohne Schnur/Papier zugeben. Ahornsirup und 20 g Zucker hinzufügen, 24 Stunden im Kühlschrank ziehen lassen.

Für das Shortbread Puderzucker und Butter in einer großen Schüssel verkneten. Mehl mit Zitronenschale und Salz vermischen und langsam, nach und nach (nicht auf einmal) unter die Butter-Masse mischen, bis ein geschmeidiger Teig entsteht. 30 Minuten kalt stellen.

Auf einer bemehlten Arbeitsfläche den Teig 1 cm dick ausrollen, mit einem runden Ausstecher (2 cm) ausstechen. Auf ein Backblech legen, bei 150 °C Umluft im vorgeheizten Ofen ca. 20 Minuten backen. Auskühlen lassen.

Orange und Zitrone waschen, mit Schale in feine Scheiben schneiden. Ingwer waschen, in feine Scheiben schneiden. Tee abseihen, mit Ingwerscheiben sowie Orangen- und Zitronenscheiben in die Gläser schichten.

Bananen in 1 cm dicke Scheiben schneiden. Restlichen Zucker in einer Pfanne karamellisieren lassen, Bananen zugeben, schwenken, mit dem Orangensaft aufgießen, ganz kurz einkochen lassen, auskühlen lassen.

Bananen zum Tee in die Gläser füllen, mit Mineralwasser oder Prosecco aufgießen, mit Minze garnieren. Mit dem Shortbread servieren.

FLEISCH

88 — 110

SÜß

114 — 128

CHEAT MEALS

132 — 146

Dankeschön

Mein größter Dank gilt meiner Familie, die mich in diesem intensiven Jahr zu jeder Zeit unterstützt hat. Danke auch an alle Freunde, die mit mir vor der Kamera gelacht und gespeist haben. Ohne euch wäre dieses Buch nicht mit Leben gefüllt.

Mein herzlicher Dank gilt meinem Team, ohne das es dieses Buch nicht gäbe. Allen voran meiner Lieblingsfotografin Silvia, die mich mit ihren Fotos jedes Mal im Herzen trifft. Darüber hinaus geht mein Dank an Alexander Höss-Knakal, das Fotostudio Eisenhut und Mayer, meine Lektorin Else Rieger und meine Grafikerin Cora Akdogan. Danke an das gesamte Team des Brandstätter Verlages, allen voran Niki Brandstätter und Barbara Blaha, die mich als Teil ihrer Familie aufgenommen haben und das auch leben. Ohne diese wunderbaren Menschen könnte ich jetzt nicht mein zweites Buch in Händen halten.

Tausend Dank euch allen.

Impressum

Bibliografische Information der Deutschen Nationalbibliothek

Die Deutsche Nationalbibliothek verzeichnet diese Publikation in der Deutschen Nationalbibliografie; detaillierte bibliografische Daten sind im Internet über http://dnb.d-nb.de abrufbar.

1. Auflage

Cover: Fotografie Silvia Wittmann, Getty Images / Bearbeitung pixelstorm
Grafikdesign: Cora Akdogan
Lektorat: Else Rieger
Foodstyling, Rezepte: Alexander Höss-Knakal
Food-Fotografie: Eisenhut & Mayer
Reportage-Fotografie: Silvia Wittmann
Druck: GRASL FairPrint, Bad Vöslau, www.grasl.eu

ISBN 978-3-7106-0104-0

Christian Brandstätter Verlag GmbH & Co KG
A-1080 Wien, Wickenburggasse 26
Telefon (+43-1) 512 15 43-0 / Telefax (+43-1) 512 15 43-231
E-Mail: info@brandstaetterverlag.com
www.brandstaetterverlag.com

Designed and printed in Austria

Mehr Rezepte von Karin Stöttinger: www.geschmacksmomente.at

Shake it, Baby!

„Essen macht glücklich – Karin Stöttinger sammelt ‚Geschmacksmomente'
und teilt sie, verpackt in wunderschöne Bilder und Geschichten."
– Flow

Der Bestseller zum Trend

ISBN 978-3-85033-975-9